... Títulos relacionados

COML0121_1
SERVICIO DE ENTREGA Y RECOGIDA DOMICILIARIA
[DISPONIBLE CERTIFICADO COMPLETO]

Solicítalos en:
- Librería
- www.paraninfo.es
- Solicitudes nacionales +34 914 463 350
- Solicitudes fuera de España +34 913 308 907, +34 913 308 919

Operaciones de cobro en el servicio de entrega y recogida a domicilio
MF2369_1

Félix Sánchez Paredes

© 2024 Ediciones Paraninfo, S. A.
© 2024 Félix Sánchez Paredes

Edición y maquetación: Ediciones Nobel, S. A.
Impresión: Liberdigital (Casarrubuelos, Madrid)

ISBN: 978-84-283-6929-9
Depósito legal: M-26958-2024

Impreso en España

Félix Sánchez Paredes es licenciado en Sociología y máster en Sistemas Integrados de Gestión y Logística Integral. Desde 1998 trabaja en el sector de la logística y el transporte, y en 2015 obtuvo el Certificado de Competencia Profesional para el Transporte de Mercancías por Carretera. Además, está acreditado como docente en formación profesional en el ámbito de la logística comercial y gestión del transporte.

Ha escrito varios manuales y guías, entre ellos *Comprador de transporte: El puesto de trabajo presente y futuro, Seguridad en el transporte de mercancía: Un argumento de venta y una metodología de trabajo* y *Auxiliares de comercio y atención al cliente en el punto de venta*.

Índice

Introducción normativa

La Ley Orgánica 3/2022, de 31 de marzo, de ordenación e integración de la Formación Profesional, contiene una disposición derogatoria única que afecta a la regulación de los certificados de profesionalidad, ahora denominados **Certificados Profesionales**. La referida normativa deroga la Ley Orgánica 5/2002, de 19 de junio, de las Cualificaciones y de la Formación Profesional, y abre un escenario de cambios que se irán implementando progresivamente.

La Ley Orgánica 3/2022, de 31 de marzo, de ordenación e integración de la Formación Profesional implica que toda la formación es acumulable. La oferta formativa se estructura de forma escalonada, siendo los Certificados Profesionales un nivel intermedio (Grado C) de una escala que va desde el Grado A hasta el E.

En los artículos 35 a 38 de la Ley 3/2022 se describe en qué consisten estos Certificados Profesionales: su oferta, formación asociada, estructura, duración, acceso, titulación y validez. Posteriormente, esta normativa se completa con lo dispuesto en el Real Decreto 659/2023, de 18 de julio, que desarrolla la ordenación del sistema de Formación Profesional. Concretamente en los artículos 67 a 81 es donde se hace referencia a la oferta formativa de Grado C, correspondiente a los Certificados Profesionales.

Están agrupados en 26 familias profesionales con características comunes del sector. En la actualidad hay más de medio millar de Certificados Profesionales incluidos en el Repertorio Nacional. Esta cifra no deja de crecer. Además, cada certificado está específicamente regulado por un real decreto.

Un Certificado Profesional corresponde al Grado C de la oferta del Sistema de Formación Profesional. Es un documento oficial, con validez en todo el territorio nacional y debe constar en el Catálogo Nacional de Ofertas de Formación Profesional, que certifica la capacitación para el desarrollo de una actividad profesional.

Debe detallar los módulos profesionales superados y los estándares de competencia profesional asociados a él e incluidos en el **Catálogo Nacional de Estándares de Competencias Profesionales**, así como su correspondencia con el Marco Español de Cualificaciones.

Despliegan su validez en un doble ámbito, laboral y académico:

- En el contexto laboral tienen validez profesional, porque acreditan las competencias en una determinada profesión. Para poder trabajar en algunas profesiones, se exigen determinadas cualificaciones, y los certificados sirven para acreditarlas.

- Asimismo, tienen validez académica, puesto que permiten continuar un itinerario formativo siempre que se cumplan los requisitos de acceso para cursar la titulación deseada. De tal modo que, los Certificados Profesionales que sean parte de un Grado D permitirán la matrícula modular para completar los módulos establecidos en el currículo y obtener el correspondiente título de técnico básico, técnico o técnico superior con validez en todo el territorio nacional.

Para obtener un Certificado Profesional (Grado C) es preciso cumplir con los requisitos de acceso para realizar la formación.

Estructura de los Certificados Profesionales

I. Identificación: denominación, familia y área profesional a la que pertenecen; nivel de cualificación profesional (1, 2 o 3); cualificación profesional de referencia; entorno profesional y módulos formativos que esté previsto cursar junto con la duración de cada uno de ellos.

II. Perfil profesional: incluye las competencias profesionales requeridas en el mercado laboral. En todas ellas se concretan las realizaciones profesionales y los criterios de realización.

III. Formación: describe los módulos formativos que esté previsto cursar para adquirir las competencias requeridas. En cada uno de ellos se indican las capacidades que se pretende alcanzar y la duración del módulo de prácticas no laborales —PNL—, para el que cabe solicitar exención si se cumplen determinados requisitos.

IV. Prescripciones de las personas formadoras.

V. Requisitos mínimos de espacios, instalaciones y equipamiento.

Los Certificados Profesionales se identifican con una denominación concreta y un código alfanumérico propio, y sirven para acreditar una determinada cualificación profesional. Cada certificado está asociado a una relación de unidades de competencia que, a su vez, se vinculan con una serie de módulos formativos específicos. Algunos módulos están integrados por unidades formativas y tanto unos como otras son, en ocasiones, transversales, lo que significa que se trata de contenidos incluidos en más de un Certificado Profesional.

Los Certificados Profesionales se articulan en tres niveles de competencia profesional (1, 2 y 3) conforme a lo dispuesto en el que será el Catálogo Nacional de Estándares de Competencias Profesionales, anteriormente Catálogo Nacional de Cualificaciones Profesionales (CNCP), según los criterios establecidos de conocimientos, iniciativa, autonomía y complejidad de las tareas, en cada una de las ofertas de Formación Profesional.

La oferta formativa dirigida a la obtención de los Certificados Profesionales tiene carácter modular para favorecer la acreditación parcial acumulable de la formación recibida y posibilitar así el avance en el itinerario de Formación Profesional para cualquiera que sea la situación laboral de cada persona en cada momento.

En definitiva, el Grado C constituye la oferta, parcial y acumulable, del sistema de Formación Profesional, de varios módulos profesionales del catálogo modular de Formación Profesional por razón de su significado en el mercado laboral y conducente a la obtención de un Certificado Profesional.

Las ofertas de Grado C de Formación Profesional tendrán por objeto módulos profesionales incluidos previamente en el catálogo modular de formación profesional y asociados al Catálogo Nacional de Estándares de Competencias Profesionales.

Finalidad de los Certificados Profesionales

- Contribuir a la ordenación de un Sistema de Formación Profesional al servicio de un régimen de formación y acompañamiento profesionales que sea capaz de responder con flexibilidad a los intereses, expectativas y aspiraciones de cualificación profesional de las personas a lo largo de su vida.

- Combinar escuela y empresa situando a la persona en el centro del sistema.

- Facilitar el aprendizaje permanente de toda la ciudadanía mediante una formación abierta, flexible y accesible, estructurada de forma modular, a través de la oferta formativa asociada al certificado.

- Acreditar las cualificaciones profesionales o las unidades de competencia recogidas en estas, independientemente de su vía de adquisición, bien sea través de la vía formativa, o mediante la experiencia laboral o vías no formales de formación.

- Favorecer, tanto a nivel nacional como europeo, la transparencia del mercado de trabajo.

- Contribuir a la calidad de la oferta de Formación Profesional.

Este libro

El presente libro desarrolla el Módulo Formativo denominado MF2369_1: *Operaciones de cobro en el servicio de entrega y recogida a domicilio.*

Dicho módulo formativo está asociado a la Unidad de Competencia UC2369_1, perteneciente a la Cualificación Profesional de referencia COM701_1, de nivel 1, incluida en el Certificado Profesional denominado COML0121_1 *Servicio de entrega y recogida domiciliaria,* dentro de la familia profesional Comercio y Marketing.

Según el Real Decreto 748/2022, de 13 de septiembre, los contenidos que en esta obra se recogen se corresponden con una duración de 70 horas.

Tanto la estructura como el desarrollo del libro se ajustan al citado Real Decreto y más concretamente a los contenidos del Módulo Formativo que le da título MF2369_1: *Operaciones de cobro en el servicio de entrega y recogida a domicilio.*

Contenido

1. **Documentación y medios de pago habituales en las operaciones de cobro.**

   - Definición y tipología de documentos justificativos en las operaciones de cobro: facturas, tiques, recibos, justificantes de cobro, otros. Carta de pago de impuestos, pago de multas, etc.

   - Definición y tipología de medios en el proceso de cobro: efectivo, cheques, reembolso, tarjetas de débito, tarjetas de crédito, tarjetas *contactless,* monederos u otros.

   - Definición y tipología de medios electrónicos en el proceso de cobro: PDA, TPV, datáfonos, aplicaciones en dispositivos móviles, pagos con tecnología RFID/NFC, otros. Tarjetas virtuales (APP), plataformas de pago, etc.

2. **Normativa aplicable y equipos utilizados en el proceso de cobro.**

   - Normativa básica de las operaciones de compra/venta.

   - Normativa aplicable de protección de datos personales.

   - Normas de uso de medios de cobro: PDAs, TPV, datáfonos, lectores ópticos de códigos de barras, dispositivos con tecnología RFID/NFC, entre otros.

3. **Atención al cliente en el servicio de cobro de productos.**

- Las normas de cortesía.

- Los tratos protocolarios más habituales en las relaciones personales.

- Tipología de clientes: identificación de técnicas de comunicación más adecuadas a los diferentes tipos de clientes.

- Elementos de la comunicación.

- Principios básicos en las comunicaciones orales: barreras y dificultades.

- Técnicas de comunicación oral: habilidades sociales, empatía, asertividad, comunicación no verbal, el lenguaje positivo, la escucha activa, escucha efectiva, feedback.

- La imagen personal.

■ Nota del Editor

En Ediciones Paraninfo estamos comprometidos con la calidad de la formación e intentamos que nuestros materiales respondan fielmente y con rigor a las necesidades de todos cuantos confían en nuestro sello editorial.

Tratamos de dar respuesta a los currículos de las unidades formativas y de los módulos que integran los distintos Certificados Profesionales, equilibrando la parte teórica con la práctica para que los procesos de aprendizaje se conviertan en experiencias gratificantes, tanto para docentes como para las personas inmersas en los procesos formativos.

Nuestros objetivos son contribuir de forma decisiva a afianzar aprendizajes, ayudar a adquirir destrezas que tengan significado para el empleo y conseguir potenciar el desarrollo personal.

Para lograrlo contamos con excelentes autores, expertos en las materias que abordan, en la mayoría de los casos docentes de dichas especialidades con dilatada experiencia tanto profesional como académica, porque buscamos perfiles familiarizados con los contextos laborales concretos a los que se refieren nuestros manuales.

Confiamos en poder serte de ayuda y esperamos tus impresiones acerca de nuestro trabajo. Sean positivas o negativas, serán muy bien recibidas y, sin duda, nos ayudarán a seguir mejorando y trabajando con ilusión para continuar siendo un referente en formación para el empleo.

Agradecemos tu confianza en nuestros manuales. Todo nuestro equipo queda a tu total disposición. Puedes contactar con nosotros en esta dirección de correo electrónico:

info@paraninfo.es

1. Documentación y medios de pago habituales en las operaciones de cobro

Contenido

La elección del documento o medio de pago más adecuado dependerá de las características de la transacción comercial, así como de las preferencias del vendedor y del comprador.

Por ejemplo, el efectivo es ideal para transacciones pequeñas, mientras que la transferencia bancaria o el cheque son más adecuados para transacciones de mayor cuantía.

 VOCABULARIO

B2C (*business to consumer*): describe la relación comercial en la que las empresas venden productos o servicios directamente a los consumidores finales. En este tipo de transacción, las empresas actúan como proveedoras y los individuos como compradores, ya sea a través de tiendas físicas, sitios web de comercio electrónico, aplicaciones móviles o plataformas de redes sociales.

En el contexto de las transacciones comerciales B2C (*business to consumer*), las acciones de compraventa pueden involucrar varios tipos de transacciones. A continuación, se describen algunos de los tipos más comunes:

1. Venta de productos físicos

   Este es el tipo más tradicional de transacción B2C, donde una empresa vende productos físicos directamente a los consumidores. Los ejemplos incluyen la compra de ropa, electrónica, alimentos, comida preparada, etc., a través de tiendas en línea o físicas.

2. Venta de servicios

   Las empresas también pueden vender servicios directamente a los consumidores. Esto incluye servicios como asesoramiento financiero, clases en línea, servicios de suscripción (como Netflix o Spotify), y otros servicios personales o profesionales.

3. Venta por suscripción

   Este tipo de transacción implica que el consumidor paga una cuota regular (mensual, anual, etc.) para acceder a productos o servicios de manera continua. Los ejemplos incluyen suscripciones a revistas, servicios de transmisión de vídeo y clubes de productos (como cajas mensuales de belleza o comida).

4. Venta de productos digitales

Los productos digitales, como *software*, aplicaciones, libros electrónicos, música y cursos en línea también se venden directamente a consumidores. Estos productos se entregan electrónicamente y no requieren envío físico.

5. Venta por catálogo

Aunque menos común en la era digital, algunas empresas aún utilizan catálogos impresos o en línea para que los consumidores seleccionen productos y realicen pedidos por teléfono o en línea.

6. Venta en línea

La mayoría de las transacciones B2C hoy en día se realizan en línea, ya sea a través de sitios web de comercio electrónico, aplicaciones móviles o plataformas de redes sociales que permiten la compra directa.

7. Venta en tiendas físicas

A pesar del crecimiento del comercio electrónico, las tiendas físicas siguen siendo importantes para muchas transacciones B2C, permitiendo a los consumidores ver y probar productos antes de comprarlos.

8. Venta omnicanal

Este tipo de transacción combina múltiples canales de venta, como tiendas físicas, en línea y móviles, permitiendo a los consumidores comprar y recibir productos de la manera que les resulte más conveniente. Por ejemplo, un cliente puede comprar un producto en línea y recogerlo en una tienda física.

9. Venta *flash* y ofertas relámpago

Este tipo de transacción implica ventas con descuento durante un periodo limitado, lo que incentiva a los consumidores a realizar compras rápidas. Es común en eventos como el Black Friday o las ofertas relámpago de Amazon, Shein o Temu.

10. Venta a través de *marketplaces*

Marketplaces como Amazon, eBay y Alibaba permiten a las empresas vender sus productos a través de una plataforma de terceros, que gestiona aspectos como el procesamiento de pagos y la logística.

11. Venta directa al consumidor (D2C)

Algunas marcas optan por vender directamente a los consumidores sin intermediarios, a menudo a través de su propio sitio web o tienda en línea, lo que permite un control mayor sobre la experiencia del cliente y la recolección de datos de clientes.

12. Venta mediante redes sociales (RR. SS.)

Las plataformas de redes sociales como Facebook, Instagram y TikTok ahora permiten la venta directa a través de sus interfaces, donde los consumidores pueden descubrir y comprar productos sin salir de la plataforma.

13. Venta de productos usados

El modelo de venta C2C (*consumer to consumer*) de productos usados facilita que individuos vendan artículos que ya no necesitan directamente a otros consumidores, generalmente a través de plataformas en línea como eBay, Craigslist o Facebook Marketplace. Este modelo permite a los vendedores obtener ingresos por bienes que de otro modo podrían desecharse, mientras que los compradores pueden adquirir productos a precios reducidos en comparación con los nuevos. La venta C2C promueve la sostenibilidad al extender la vida útil de los productos y reducir el desperdicio.

Documento de cobro:	**Operación de cobro:**
Un documento que evidencia la obligación de pago por bienes o servicios proporcionados, como un recibo, un albarán de venta, una factura, una orden de pago o una nota de crédito.	El proceso de recibir el pago de un cliente por bienes o servicios proporcionados.
	Transacción comercial:
	Un intercambio de bienes, servicios o dinero entre dos partes con el objetivo de realizar negocios.
Medio de pago:	
El instrumento o método utilizado para realizar una transacción financiera, como efectivo, tarjetas, cheques, talones o transferencias.	**Transacción bancaria:**
	Un movimiento financiero registrado en una entidad bancaria, que incluye depósitos, retiros, transferencias y otras operaciones financieras.

 IMPORTANTE

Tener un conocimiento básico sobre formas, medios y operaciones de cobro permite a la empresa operar de manera más eficiente, segura y competitiva, además de mejorar la satisfacción del cliente y garantizar el cumplimiento normativo fiscal y tributario.

Es fundamental para una empresa que tanto la dirección como los empleados tengan conocimientos básicos sobre la definición y tipología de documentos justificativos en las operaciones de cobro, así como sobre los medios de cobro y medios electrónicos de pago, por las siguientes razones:

1. Precisión y transparencia en la contabilidad

   Conocer los diferentes tipos de documentos justificativos (facturas, tiques, recibos, justificantes de cobro, cartas de pago de impuestos, pago de multas, etc.) es esencial para mantener una contabilidad precisa y transparente. Estos documentos sirven como prueba de las transacciones realizadas, facilitando la auditoría y el cumplimiento normativo.

2. Eficiencia operacional

   Entender los medios en el proceso de cobro (efectivo, cheques, reembolso, tarjetas de débito, tarjetas de crédito, tarjetas *contactless*, monederos u otros) permite a los empleados realizar transacciones de manera más eficiente y segura, reduciendo errores y mejorando el servicio al cliente. La capacidad de manejar múltiples métodos de pago también agiliza el proceso de cobro y minimiza tiempos de espera.

3. Adaptabilidad y competitividad

   Estar al tanto de los medios electrónicos en el proceso de cobro (PDA, TPV, datáfonos, aplicaciones en dispositivos móviles, pagos con tecnología RFID/NFC, tarjetas virtuales, plataformas de pago, etc.) es crucial en un entorno comercial cada vez más digitalizado. Conocer y utilizar estas tecnologías permite a la empresa adaptarse rápidamente a las preferencias cambiantes de los consumidores y mantenerse competitiva en el mercado.

4. Mejora de la experiencia del cliente

   La familiaridad con diversos métodos de pago, incluidos los electrónicos, mejora el servicio y la experiencia del cliente al ofrecer más opciones y conveniencia. Los clientes valoran la flexibilidad en los pagos, lo que puede traducirse en mayor fidelidad.

5. Seguridad en las transacciones

   Ayuda a prevenir fraudes y errores. La dirección y los empleados pueden identificar rápidamente irregularidades y tomar medidas adecuadas para proteger los activos de la empresa.

6. Cumplimiento legal y fiscal

   Asegura que la empresa cumpla con las regulaciones fiscales y legales para evitar sanciones y mantener una buena reputación ante las autoridades y los clientes.

7. Optimización del flujo de caja

   Permite a la empresa a gestionar mejor la cantidad de dinero que entra y sale de una empresa durante un periodo específico, reflejando la liquidez de la organización y su capacidad para generar efectivo a través de sus operaciones, inversiones y actividades de financiación.

   La planificación financiera y la estabilidad económica de la empresa dependerá en buena medida de la administración del flujo de caja.

Ejemplo de cálculo del flujo de caja del servicio domiciliario

Concepto	Monto (€)
Ingresos mes mayo 20XX	
— Ventas a domicilio	10 000
Ingresos totales	**10 000**
Gastos operativos	
— Coste de adquisición de productos	3000
— Coste de elaboración de productos y pedidos	1000
— Salarios	2200
— Combustible y transporte	500
— *Marketing* y publicidad	300
— Material de embalaje y empaque	320
— Otros gastos operativos	180
Gastos totales	**7500**
Flujo de caja neto	**2500**

> **Cálculo**
> **Flujo de Caja Neto** = Total Ingresos − Total Gastos = 10 000 € - 7500 € = 2500 €

1.1. Definición y tipología de documentos justificativos en las operaciones de cobro: facturas, tiques, recibos, justificantes de cobro, otros. Carta de pago de impuestos, pago de multas, etcétera

1.1.1. Facturas

Una factura es un documento comercial que un vendedor emite a un comprador, detallando los productos o servicios suministrados, sus precios, impuestos indirectos, la cantidad y los términos de pago.

Es un registro formal de la transacción y sirve como una solicitud y confirmación del proceso pago/cobro entre ambas partes.

 SABER MÁS

Bill⌐in

Billin es una plataforma en línea para la gestión de facturación y cobros dirigida a pymes y autónomos. Ofrece recursos gratuitos para generar, enviar y seguir facturas, facilitando la automatización y simplificación de los procesos administrativos. Además, ayuda a gestionar pagos y vencimientos, mejorando el flujo de caja y reduciendo el tiempo dedicado a tareas contables.

Relación entre la factura y el IVA: inclusión del IVA en la factura

Las facturas deben incluir el IVA aplicable sobre los bienes o servicios vendidos. El vendedor debe calcular y desglosar claramente el monto del IVA en la factura.

El IVA es un impuesto indirecto que se aplica al valor añadido en cada etapa de la cadena de producción y distribución. Es pagado por los consumidores finales, pero recaudado y remitido por los vendedores a las autoridades fiscales (Agencia Tributaria – hacienda pública).

Tipos de IVA

Dependiendo del país, puede haber diferentes tipos de IVA.

Las facturas deben especificar claramente el tipo de IVA aplicado a cada línea de productos o servicios.

Tipo general: es del 21%.
Este tipo se aplica a la mayoría de los bienes y servicios no incluidos en otros tipos reducidos o exentos.

Tipo reducido: existen varios tipos reducidos de IVA aplicables a determinados bienes y servicios considerados de primera necesidad o de interés cultural. • 10 %: aplicable a productos como alimentos, transporte de viajeros, hostelería, cultura (entradas a espectáculos, museos, etc.) y libros. • 4 %: aplicable a bienes y servicios específicos como productos farmacéuticos, productos sanitarios, periódicos y revistas, y viviendas de protección oficial.

Tipo superreducido: existe un tipo superreducido de IVA del 0 % que se aplica a determinadas operaciones concretas, como la exportación de bienes fuera de la Unión Europea, entregas intracomunitarias y ciertas operaciones financieras y aseguradoras.

Requisitos legales

Las facturas que incluyen IVA deben cumplir con ciertos requisitos legales establecidos por las autoridades fiscales. Estos requisitos pueden variar según el país, pero generalmente incluyen detalles como el número de identificación fiscal del emisor y del receptor, el número de factura único, la fecha de emisión y la cantidad de IVA desglosada.

• Número de identificación fiscal del emisor. • Número de identificación fiscal del receptor (cliente). • Número único de factura. • Fecha de emisión de la factura. • Descripción detallada de los bienes o servicios vendidos.	• Cantidad de los bienes o servicios. • Precio unitario de cada bien o servicio. • Importe total a pagar. • Tipo impositivo aplicado (porcentaje de IVA). • Importe desglosado del IVA. • Términos de pago acordados.

Deducción del IVA

Para las empresas, el IVA incluido en las facturas de compra (IVA soportado) puede ser deducido como crédito fiscal. Esto significa que el IVA pagado en las compras realizadas para actividades comerciales puede ser recuperado, reduciendo así la carga tributaria neta de la empresa. Se compensa con el IVA incluido en las facturas de las ventas (IVA repercutido).

¿Cómo se administran las facturas en los sistemas de comercialización B2C?

En los sistemas de comercialización B2C (*business to consumer*), la administración de facturas implica varios pasos y el uso de tecnología para asegurar una gestión eficiente y precisa. A continuación, se describen los pasos típicos y las prácticas comunes para administrar las facturas:

Generación de la factura

- Automatización: en muchos sistemas B2C, la generación de facturas está automatizada. Cuando un cliente realiza una compra, el sistema genera automáticamente una factura basada en los detalles de la transacción.

- Datos incluidos: la factura incluye detalles como la fecha de la transacción, el nombre y la dirección del cliente, la descripción de los productos o servicios, las cantidades, los precios unitarios, el total a pagar, los impuestos aplicables y los términos de pago.

Entrega de la factura

- Digital: las facturas se envían comúnmente por correo electrónico en formato PDF. También pueden estar disponibles en el portal del cliente dentro del sitio web de la empresa.

- Impreso: en algunos casos, especialmente si el cliente lo solicita, las facturas pueden imprimirse y enviarse por correo postal.

Registro y almacenamiento

- Sistemas de información (*software* y herramientas informáticas): las facturas se registran y almacenan en sistemas ERP, que ayudan a mantener un registro organizado y accesible de todas las transacciones.

- Bases de datos: también se pueden almacenar en bases de datos seguras que permiten la fácil recuperación y consulta.

Seguimiento de pagos

- Integración de pagos: los sistemas de facturación están integrados con plataformas de pago que facilitan el seguimiento de los pagos realizados por los clientes.

- Recordatorios y gestión de cobros: si un pago no se recibe dentro del plazo estipulado, se envían recordatorios automáticos al cliente. En casos de morosidad, se pueden tomar acciones adicionales, como el cobro de intereses o el uso de servicios de cobranza.

Contabilidad y auditoría

- Conciliación bancaria: las facturas pagadas se concilian con los extractos bancarios para asegurar que todos los pagos se hayan recibido correctamente.

- Auditorías: las facturas sirven como documentos de respaldo en auditorías internas y externas, ayudando a garantizar la precisión y el cumplimiento normativo.

Análisis y reportes

- Reportes financieros: los datos de facturación se utilizan para generar reportes financieros, que proporcionan información sobre las ventas, el flujo de caja y otros indicadores clave de rendimiento.

- Análisis de clientes: ayuda a identificar patrones de compra y comportamiento de los clientes, lo cual es valioso para estrategias de *marketing* y mejora del servicio al cliente.

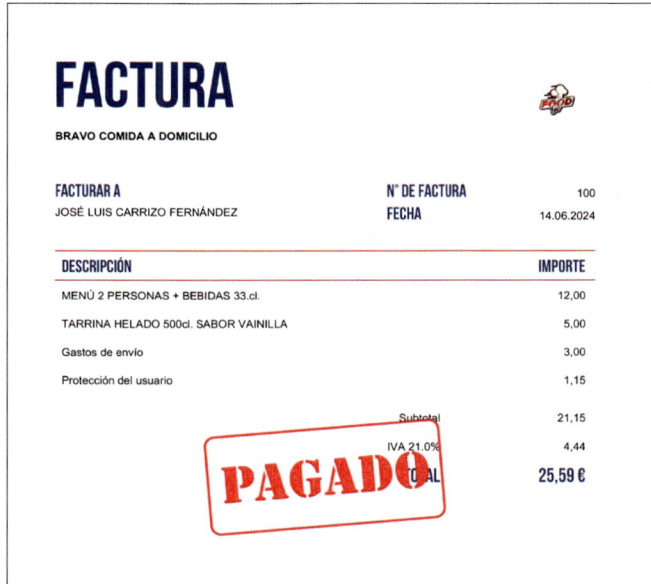

Ejemplo de factura de un establecimiento de venta de comida a domicilio.

1.1.2. Tiques

Un tique de compra es un documento emitido por un establecimiento comercial después de realizar una transacción de compra. Este documento contiene información detallada sobre la compra realizada, como:

1) Detalles de los productos o servicios: incluye la descripción de los artículos comprados o los servicios adquiridos.

2) Precio unitario y total: indica el precio de cada artículo o servicio individualmente, así como el total a pagar.

3) Fecha y hora de la compra: muestra la fecha y la hora en que se realizó la transacción.

4) Datos del establecimiento: nombre y dirección del establecimiento comercial.

Forma de pago: especifica cómo se realizó el pago (efectivo, tarjeta de crédito, etcétera).

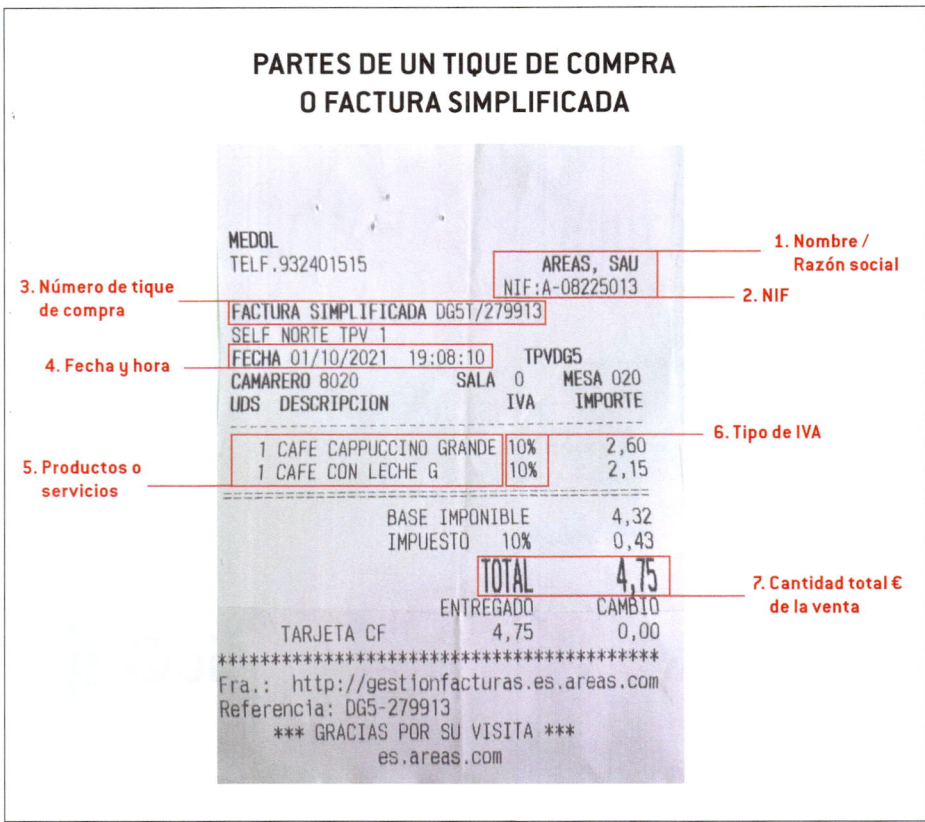

Fuente: *QUIPU blog https://getquipu.com/blog/Tique-de-compra/*

Los tiques de compra son importantes tanto para los consumidores como para los comerciantes, ya que actúan como comprobante de la operación realizada. Los consumidores los utilizan como prueba de compra en caso de necesitar devolver un producto, hacer una reclamación o para gestionar la contabilidad personal. Los comerciantes los utilizan para llevar un registro de ventas y para cumplir con las obligaciones fiscales.

Consumidores	Comerciantes
Prueba de compra	Llevar un registro de ventas
Devolver productos o hacer reclamaciones	Cumplir con obligaciones fiscales (liquidar y declaración impuestos: IVA)
Ayuda en la gestión de la contabilidad personal	

Es común que los tiques de compra sean impresos en papel térmico y tengan una duración limitada en cuanto a legibilidad debido a la naturaleza de la impresión térmica.

 IMPORTANTE

¿Qué hacer si pierdo el tique de compra?

Perder el tique dificulta demostrar una compra, especialmente si se paga en efectivo. Si se paga con tarjeta, es posible usar el extracto bancario para recuperar la información de compra y, si es necesario, reclamar mediante hoja de reclamaciones.

¿Se puede obtener un duplicado del tique de compra?

Sí, se puede solicitar un duplicado presentando el extracto bancario que detalle la fecha y hora de la compra.

¿Es obligatorio recibir un tique de compra?

Sí, el tique de compra es esencial para registrar y garantizar la compra realizada, protegiendo así al comprador.

1.1.3. Recibos

Un establecimiento con servicio a domicilio, como restaurantes, tiendas de comida preparada o cualquier negocio que entregue productos en casa, puede utilizar varios tipos de recibos para diferentes propósitos. Cada uno de ellos representa diferentes situaciones como, por ejemplo:

- El cliente hace un pedido lo recibe y lo paga en el momento en efectivo.
- El cliente hace un pedido lo paga en efectivo o con una transferencia y después lo recibe en su domicilio.
- El cliente hace un pedido, lo paga con tarjeta bancaria en el establecimiento y después lo recibe.
- El cliente hace un pedido, lo recibe y se pacta un pago posterior a la entrega con recibo bancario.
- El cliente hace un pedido *online* y lo paga por internet por medios digitales, asociados a sus tarjetas bancarias.
- El cliente hace un pedido, lo recibe, y no se retrata al pago en la fecha acordada.
- El cliente hace varios pedidos al mes, y después realiza el pago total el mes siguiente mediante recibo bancario.
- El cliente reclama un error en el pedido, y se le entrega un recibo de confirmación del problema y de la reposición.

¿Se te ocurre alguna posibilidad más?

Si es así, la mejor forma de controlar todas las posibles situaciones es generando un recibo que deje constancia de cada circunstancia y permita el control de todas las operaciones de venta en función de la relación con nuestros clientes y sus modalidades.

1) Recibo de entrega: este es el documento que el cliente firma al recibir su pedido en casa. Sirve como comprobante de que la entrega se realizó satisfactoriamente y puede incluir detalles como la fecha y hora de la entrega, el nombre del cliente, la dirección y los artículos pedidos.

2) Nota de entrega: es similar a una factura, pero se utiliza más en el ámbito de entregas de productos. Indica qué productos fueron entregados, en qué cantidad y en qué estado. Puede ser útil para resolver disputas sobre la entrega o para reclamaciones de clientes. El servicio se ha prestado, pero está pendiente de resolver la forma y medio de pago según las condiciones pactadas con el cliente.

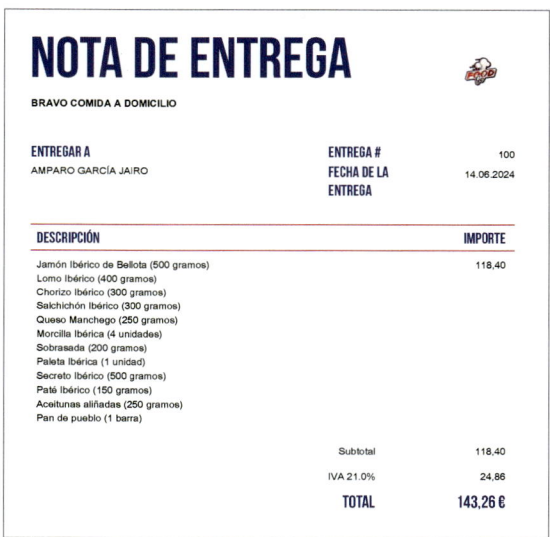

3) Recibo de pago efectivo: cuando se realiza el pago del pedido al momento de la entrega, se puede emitir un recibo de pago. Este documento confirma que se recibió el dinero y puede incluir detalles como el método de pago utilizado y la fecha.

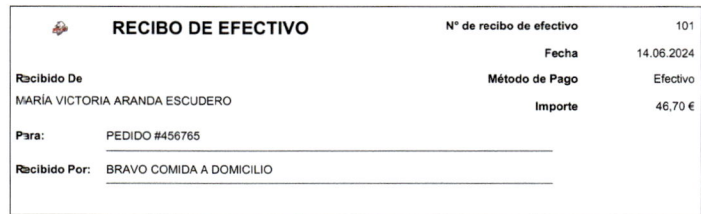

1.1.4. Justificantes de cobro

Un justificante de cobro es un documento emitido por un vendedor o prestador de servicios para confirmar que ha recibido el pago por productos vendidos o servicios prestados. Este documento es importante tanto para el proveedor como para el cliente, ya que certifica la transacción realizada.

Diferenciación entre medios de pago

1. Pago en efectivo:

   Es el pago realizado con billetes o monedas en el momento de la compra o servicio.

   Justificante: se emite un recibo o factura donde se indica la cantidad recibida en efectivo, la fecha y la firma del receptor.

2. Pago con tarjeta de crédito/débito:

   El pago se realiza mediante una tarjeta de crédito o débito autorizada por el cliente.

   Justificante: se genera un recibo o factura que detalla la fecha, el nombre del titular de la tarjeta, los últimos dígitos de la tarjeta utilizada (por seguridad), el importe pagado y el nombre del establecimiento.

3. Transferencia bancaria:

   El cliente realiza la transferencia desde su cuenta bancaria a la cuenta del proveedor.

   Justificante: el proveedor envía al cliente una factura o confirmación de pago que incluye los detalles de la transferencia (fecha, importe, concepto y número de cuenta destino).

4. Pago mediante plataformas digitales (PayPal, Stripe, etcétera):

   El pago se realiza a través de plataformas digitales de pago electrónico.

   Justificante: se recibe un comprobante electrónico que confirma la transacción, incluyendo detalles como la fecha, el importe pagado, el nombre del cliente y del vendedor, y el número de transacción.

Importancia del justificante de cobro	
Para el proveedor:	Para el cliente:
Sirve como prueba de ingreso y para llevar un registro contable adecuado.	Actúa como comprobante de pago, necesario para garantías, devoluciones o para resolver disputas.

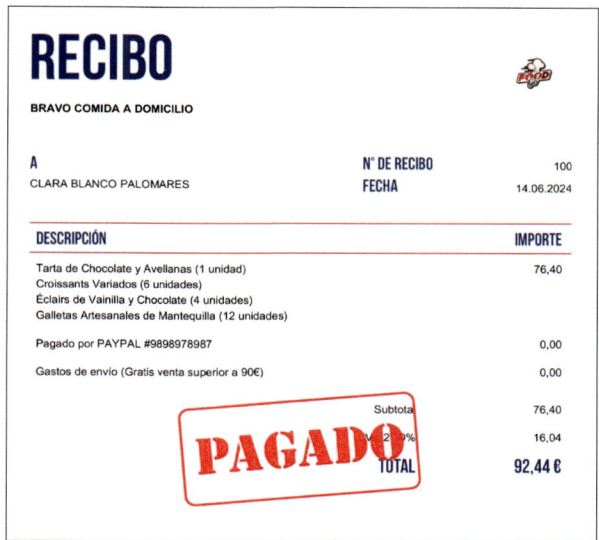

Recibo de pago por PAYPAL, válido como justificante de pago ante el establecimiento comercial.

Resumen de pago efectuado a través de PAYPAL.

1.1.5. Otros documentos justificativos

En el ámbito del servicio de entrega y recogida domiciliaria, existen varios documentos justificativos que facilitan y respaldan las operaciones comerciales:

- **Pedido:**

  Es el documento mediante el cual un cliente solicita específicamente productos o servicios a un proveedor. Contiene detalles como la descripción de los productos o servicios requeridos, cantidades, precios unitarios, fecha de solicitud y términos de entrega.

PEDIDO

BRAVO COMIDA A DOMICILIO

PROVEEDOR		PEDIDO #	100
FERNANDO MÉNDEZ TERUEL		FECHA DE PEDIDO	14.06.2024

DESCRIPCIÓN	IMPORTE
Arroz - 5 kilogramos	27,80
Frijoles - 3 kilogramos	
Aceite de cocina - 2 litros	
Azúcar - 2 kilogramos	
Harina de trigo - 3 kilogramos	
Sal - 1 kilogramo	
Pasta - 2 paquetes	
Sardinas en lata - 6 latas	
Leche evaporada - 4 latas	
Café - 500 gramos	

	Subtotal	27,80
	IVA 21.0%	5,84
	TOTAL	**33,64 €**

- **Abono:**

Este documento se utiliza cuando se realiza la devolución de un producto o la cancelación de un servicio. Sirve como comprobante de que se ha procedido al reembolso o crédito al cliente por una transacción previamente realizada. Incluye detalles como el motivo del abono, el importe devuelto y la fecha de la transacción.

ABONO

BRAVO COMIDA A DOMICILIO

CLIENTE		N° DE ABONO	100
FERNANDO MÉNDEZ TERUEL		FECHA	14.06.2024

DESCRIPCIÓN	IMPORTE
Detalle del Abono:	8,00
Producto No Disponible: Sardinas en lata - 6 latas	
Motivo del Abono: El producto solicitado no está disponible en inventario.	
Observaciones:	
Se procede al abono del importe correspondiente a las 6 latas de sardinas. El abono se realiza para ajustar el total del pedido según lo acordado.	

	Subtotal	8,00
	IVA 21.0%	1,68
	TOTAL	**9,68 €**

- **Oferta:**

  Es un documento en el cual un proveedor especifica las condiciones y precios bajo, las cuales está dispuesto a ofrecer productos o servicios a un cliente potencial. La oferta incluye detalles como la descripción de los productos o servicios, precios, condiciones de pago, validez de la oferta y cualquier otra información relevante para la transacción.

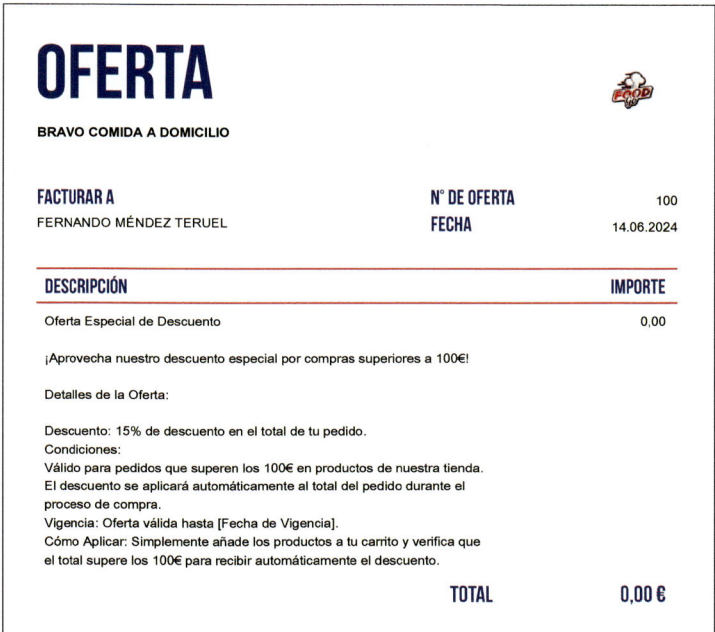

1.1.6. Cartas de pago de impuestos y pago de multas

Las cartas de pagos de impuestos y el pago de multas son conceptos relacionados con obligaciones financieras que una entidad o persona debe cumplir en el ámbito fiscal y legal. En la contabilidad, estos conceptos se registran de la siguiente manera:

Carta de pagos de impuestos

Es un documento emitido por una entidad gubernamental o fiscal que notifica a un contribuyente sobre la cantidad de impuestos que debe pagar y proporciona detalles sobre cómo realizar el pago.

Contabilidad: cuando se recibe una carta de pagos de impuestos, la entidad registra la obligación tributaria como un pasivo en sus libros contables hasta que el pago se realice. El asiento contable típicamente involucra el crédito de una cuenta de pasivo por impuestos y el débito de una cuenta de gasto o impuesto correspondiente.

Código de Procedimiento de Recaudación. CPR 9052180

Periodo de pago	Emisora	Modalidad	Referencia	Identificación	Importe a pagar
22/04/2024 - 24/06/2024	130345	2	240011372203	1003244176	143,88

N.I.F. Emisora	Concepto	Objeto tributario		Periodo
P1303400D	IVTM	▬		ANUAL 2024

USO EXCLUSIVO EN PERIODO VOLUNTARIO

9052113034524001137220310032441760001438 80

CL/ CLAVEL 6, ▬
CP 13003 CIUDAD REAL
CIUDAD REAL

EJEMPLAR PARA LA ENTIDAD

Ejemplo de recibo emitido como carta de pago del impuesto
sobre vehículos de tracción mecánica.

 VOCABULARIO

Tasa: pago por el uso de un servicio público específico o por realizar una actividad regulada.

Impuesto: pago obligatorio basado en ingresos, ganancias, propiedad o consumo, utilizado para financiar gastos públicos generales.

Pago de multas

Se refiere a la compensación financiera que una entidad o individuo realiza como consecuencia de haber incurrido en una infracción o incumplimiento de las leyes o regulaciones, por lo que le han puesto una sanción administrativa. Estas multas pueden ser impuestas por entidades gubernamentales, autoridades reguladoras u otras instituciones.

Contabilidad: cuando se realiza el pago de una multa, la entidad registra la transacción mediante un asiento contable que involucra el crédito de una cuenta de efectivo o la disminución de un activo financiero y el débito de una cuenta de gasto por multas o una cuenta específica designada para este propósito.

VOCABULARIO

Infracción: violación de una ley, normativa o reglamento establecido.

Sanción: consecuencia legal o administrativa por cometer una infracción.

Multa: sanción económica impuesta por una infracción, destinada a disuadir y compensar daños.

Otros instrumentos financieros de pago para clientes

Confirming	*Factoring*
Es un instrumento financiero utilizado en las transacciones comerciales, donde una empresa (confirmador) acuerda confirmar y pagar las facturas presentadas por sus proveedores a cambio de ciertos servicios. En este proceso, los proveedores envían sus facturas al confirmador, quien las verifica y, una vez aprobadas, asume la responsabilidad de pagarlas en la fecha acordada. El *confirming* facilita a los proveedores el acceso a financiamiento inmediato, ya que les permite obtener liquidez antes de que venza el plazo de pago establecido en la factura, al mismo tiempo que simplifica la gestión de pagos para la empresa confirmadora.	Es una práctica financiera en la cual una empresa (factor) compra las cuentas por cobrar de otra empresa (cedente) a un descuento, proporcionándole así liquidez inmediata. En lugar de esperar a que los clientes paguen las facturas, la empresa cedente cede sus cuentas por cobrar al factor, quien se encarga de cobrar a los clientes. El *factoring* puede ser sin recurso, donde el factor asume el riesgo de impago, o con recurso, donde la empresa cedente retiene parte del riesgo. Esta herramienta financiera beneficia a la empresa cedente al mejorar su flujo de efectivo y transferir el riesgo de impago al factor. Además, permite al factor obtener beneficios mediante el descuento de las cuentas por cobrar.

IMPORTANTE

La obligación de emitir facturas electrónicas en España se aprobó en la Ley 18/2022, de 28 de septiembre, por la que se modifica la Ley 37/1992, del Impuesto sobre el Valor Añadido. Esta ley establece que, a partir del 1 de enero de 2025, todas las empresas y autónomos que facturen más de 8 millones de euros anuales estarán obligados a emitir facturas electrónicas en sus relaciones comerciales con otras empresas y autónomos.

A partir del 1 de enero de 2026, la obligación se extiende a todas las empresas y autónomos, independientemente de su volumen de facturación.

Las facturas electrónicas deberán cumplir con los requisitos establecidos en el Reglamento de Facturación Electrónica, aprobado por el Real Decreto 93/2017, de 17 de febrero. Estos requisitos incluyen:

- Utilizar un formato electrónico válido, como el formato **Facturae 4.0.**
- Incluir todos los datos obligatorios establecidos en la normativa.
- Ser firmadas digitalmente por el emisor de la factura.

Las facturas electrónicas podrán remitirse al destinatario de forma telemática, a través de un sistema de intercambio de facturas electrónico (FACe).

La obligación de emitir facturas electrónicas tiene como objetivo promover la digitalización de las transacciones comerciales en España y mejorar la eficiencia de los procesos administrativos.

Las empresas y autónomos que estén obligados a emitir facturas electrónicas podrán hacerlo de forma gratuita a través de la plataforma FACe. Esta plataforma ofrece a los usuarios una serie de servicios para la emisión, recepción y conservación de facturas electrónicas.

Documentos justificantes de cobro	Definición
Albarán/factura	Documento que detalla la venta de bienes o servicios, indicando la cantidad, precio y condiciones. La factura registra y repercute los impuestos indirectos (IVA).
Factura simplificada	Es un documento comercial más básico que una factura completa. Contiene información esencial sobre la transacción, como los detalles del vendedor y del comprador, la descripción de los bienes o servicios, el importe total y los impuestos aplicables.
Factura electrónica	Es un documento digital que reemplaza a la factura en papel. Contiene la misma información que una factura tradicional y cumple con los requisitos legales y fiscales.
Recibo	Comprobante de pago que confirma la recepción de un pago, generalmente asociado a una factura.
Nota de crédito	Documento que registra la disminución de la deuda, ya sea por devolución o ajuste de facturación.

Documentos justificantes de cobro	Definición
Nota de débito	Documento que registra el aumento de la deuda, por cargos adicionales o ajustes en la facturación.
Tique (emisor)	Comprobante de compra, generalmente asociado a transacciones minoristas, que detalla los artículos adquiridos y el total pagado.
Bono (emisor)	Instrumento de valor que se puede canjear por bienes o servicios específicos, generalmente proporcionado como incentivo o regalo.
Vale (emisor)	Documento que otorga el derecho a recibir bienes o servicios específicos, a menudo utilizado como forma de descuento o promoción.

Medios de pago de los clientes	Descripción
Efectivo	Pago en billetes y monedas, de manera física al contado.
Cheque	Instrumento financiero que ordena el pago de una cantidad específica de dinero a una persona.
Tarjeta de crédito	Medio de pago electrónico que permite realizar compras u obtener crédito.
Transferencia bancaria	Movimiento de dinero de una cuenta a otra a través de una entidad bancaria.
Pago electrónico	Uso de plataformas en línea, como PayPal o servicios de pago móvil, para realizar transacciones.
Talón (emisor)	Cheque desglosado en dos partes, siendo el talón la parte que queda en poder del emisor.
Pagaré (emisor)	Representa una promesa de pago y suele incluir detalles como la cantidad a pagar, la fecha de vencimiento y las condiciones acordadas entre las partes involucradas. El pagaré es utilizado como un medio formal de crédito y puede ser negociable, lo que significa que el beneficiario puede transferir sus derechos a otra persona.
Letra de cambio (emisor)	Documento financiero en el que una persona (librador) ordena a otra (librado) el pago de una suma específica en una fecha determinada.
Bono (receptor)	Instrumento de valor que se puede canjear por bienes o servicios, generalmente proporcionado como incentivo, descuento o regalo.
Vale (receptor)	Documento que otorga el derecho a recibir bienes o servicios, a menudo utilizado como forma de descuento o promoción.

Generación de documentos comerciales con Invoice Home **invoice home**

Familiarízate con la aplicación web Invoice Home para la creación y personalización de documentos comerciales como facturas, recibos y tiques, simulando transacciones entre una empresa que sirve productos a domicilio y sus clientes particulares.

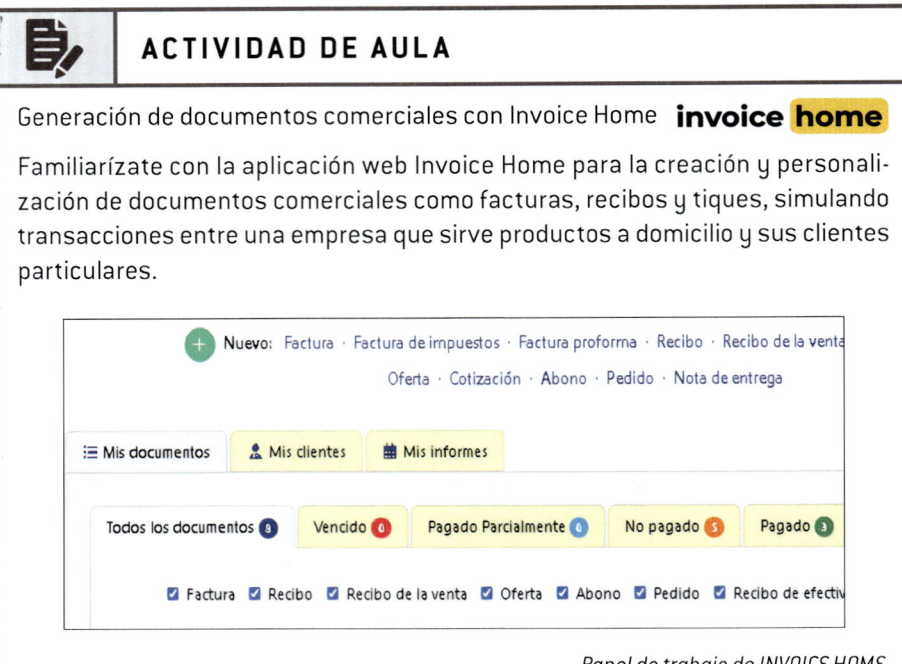

Panel de trabajo de INVOICE HOME.

1.2. Definición y tipología de medios en el proceso de cobro: efectivo, cheques, reembolso, tarjetas de débito, tarjetas de crédito, tarjetas contactless, monederos u otros

1.2.1. Dinero efectivo

Es el dinero en forma de monedas o papel moneda (billetes) utilizado para realizar pagos y depósitos.

Los marcos legales relativos a la política monetaria de la Unión Europea lo definen desde la suspicacia fiscal como:

> *«Cualquier medio concebido para ser utilizado como medio al portador, esto es, en el que no queden claro los titulares del origen y destino de los fondos».*

 IMPORTANTE

Las autoridades públicas conciben las transacciones económicas con dinero efectivo como una situación riesgosa para comerciantes y consumidores, ya que se produce un momento donde los derechos de ambos pueden verse vulnerados. Todo ello viene influenciado por la lucha institucional contra el blanqueo de capitales.

Actualmente, los únicos medios de pago en curso legal en España y en el resto de los Estados miembros de la Unión Europea son los billetes y monedas en euros (€).

A continuación, vamos a aclarar dos situaciones conflictivas e incómodas que se pueden dar en el momento de cobrar a la clientela con dinero efectivo:

Billetes de alto valor 500 €, 200 € y 100 €	Monedas
Son legales y son válidos, hay que aceptarlos en principio. Para no vulnerar derechos enfrentados, los billetes de alto valor se deben utilizar conforme a las exigencias de la buena fe. Deben ser utilizados de acuerdo con el importe del bien o servicio a pagar. Un establecimiento comercial podría no aceptar un billete de alto valor si el importe a pagar es muy inferior, ya que podría enfrentarse a una situación de no disponibilidad o quebrantamiento momentáneo de la tesorería de caja del negocio.	Un establecimiento comercial tiene el derecho de **negar un pago en efectivo con más de cincuenta monedas.** Solo están obligadas a aceptar este número de monedas las autoridades emisoras como el Banco de España. Las entidades bancarias tampoco están obligadas, aunque ofrecen servicios para ello; en uno cobra comisión y en otro no. Está regulado por el **Reglamento (CE) n.º 2169/2005 del Consejo,** de 21 de diciembre de 2005, por el que se modifica el Reglamento (CE) n.º 974/98 sobre la introducción del euro.

De igual manera, existe un límite establecido para realizar pagos en efectivo.

Actualmente, **la normativa prohíbe efectuar pagos en efectivo que superen la cantidad de 1000 euros,** especialmente cuando una de las partes involucradas es titular de una actividad económica o profesional. Esta restricción se fundamenta en la Ley 11/2021, de 9 de julio, la cual aborda medidas de prevención y combate contra el fraude fiscal.

Esta ley también se encarga de la transposición de la Directiva (UE) 2016/1164 del Consejo, fechada el 12 de julio de 2016, que establece normas contra las prácticas de elusión fiscal que afectan directamente al funcionamiento del mercado interior. Además, contempla modificaciones en diversas normativas tributarias y regula asuntos relacionados con el juego.

Para garantizar que esta limitación sea efectiva en las transacciones económicas, se prohíbe también la práctica de dividir un pago en varias facturas al adquirir un bien o servicio.

Por ejemplo, no está permitido generar tres facturas de 500 euros cada una para un bien cuyo precio de venta ascienda a 1500 euros, con el objetivo de recibir pagos en efectivo por cada factura por separado.

Para los pagos de este tipo, se cuenta con diversas opciones de medios de pago, entre las cuales se incluyen:

- Transferencia bancaria.
- Recibo bancario.
- Tarjeta bancaria.
- Cheque nominativo.
- Pago electrónico.

Sin embargo, tanto los comerciantes como los consumidores se enfrentan a una restricción adicional en relación con el uso de dinero en efectivo, que implica:

1) La necesidad de identificarse ante una entidad bancaria y registrar los datos personales a través del documento nacional de identidad al realizar ingresos o retiros de dinero en efectivo.

2) La obligación de presentar pruebas del motivo de la transacción si la entidad bancaria percibe riesgo de blanqueo de capitales, incluso si la cantidad involucrada es inferior a 1000 euros.

Cuando comerciantes y consumidores se involucran en operaciones en efectivo, el Banco de España ofrece algunas recomendaciones:

1. Es recomendable efectuar pagos con billetes de manera proporcionada para evitar posibles rechazos por parte del comerciante.

2. Las entidades bancarias tienen la obligación de retirar de circulación los billetes que aparenten ser falsificados y de identificar a la persona que realiza la entrega del billete.

3. No existe la obligación de aceptar más de 50 monedas en un solo pago, a excepción de los entes públicos, por lo que se aconseja consultar con el establecimiento comercial sobre esta posibilidad y las condiciones asociadas.

4. Aunque los depósitos de dinero en entidades de crédito estén disponibles de inmediato, se aconseja avisar al banco con antelación en caso de cantidades elevadas.

5. En caso de conflictos o discrepancias sobre el importe exacto del efectivo entregado por un cliente, se debe seguir el siguiente procedimiento:

   a. Verificar el resguardo de ingreso validado por quien recibió el efectivo.

   b. Obtener un listado de operaciones de venta del día.

   c. Elaborar y consultar el arqueo de caja de fin del día, contrastando la información de los registros anteriores.

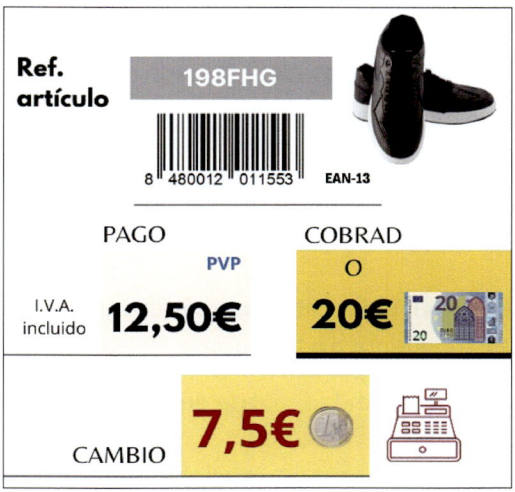

Ejemplo de visor de un TPV para practicar el cambio de efectivo correcto al cliente.

Aquí tienes un ejemplo básico de cómo podría ser un arqueo de caja para un establecimiento de comida para llevar:

Concepto	Cantidad
Saldo inicial	**200,00 €**
— Ventas en efectivo	350,00 €
— Ventas con tarjeta	180,00 €
Total ventas	530,00 €
Gastos varios (compra de materia prima, etcétera)	120,00 €
Total efectivo recibido	230,00 €
— Efectivo entregado a…	50,00 €
Cantidad esperada en caja	280,00 €
Efectivo real en caja	280,00 €
Diferencia	0,00 €

Explicación de los conceptos:

- **Saldo inicial:** la cantidad de dinero con la que se inició el arqueo.

- **Ventas en efectivo:** total de dinero recibido en efectivo por las ventas durante el periodo.

- **Ventas con tarjeta:** total de ingresos recibidos mediante pagos con tarjeta.

- **Total ventas:** suma de las ventas en efectivo y con tarjeta.

- **Gastos varios:** cualquier gasto en efectivo realizado durante el periodo (compra de materia prima u otros insumos).

- **Total efectivo recibido:** total de dinero en efectivo recibido (ventas en efectivo menos gastos varios).

- **Efectivo entregado a caja chica:** dinero que se separa para caja chica, si aplica.

- **Cantidad esperada en caja:** cantidad teórica que debería estar en la caja según las ventas en efectivo y los gastos.

- **Efectivo real en caja:** cantidad real de dinero que se encuentra en la caja al momento del arqueo.

- **Diferencia:** diferencia entre la cantidad esperada y el efectivo real en caja. Idealmente, debería ser cero.

Este arqueo básico ayuda a asegurar que el dinero en efectivo concuerde con las ventas registradas y los gastos realizados, proporcionando transparencia y control sobre los ingresos y egresos del negocio.

1.2.2. Cheques y talones

El cheque es un instrumento que posibilita la emisión de una orden de pago, mediante la cual una entidad bancaria se compromete a abonar una cantidad específica a un beneficiario designado. Quien posea el cheque, es decir, el beneficiario, tiene la facultad de retirar dicha suma en representación del emisor.

Este documento se reconoce como un instrumento mercantil ampliamente aceptado para llevar a cabo transacciones económicas. Por ejemplo, se utiliza para saldar facturas o realizar la adquisición de bienes y servicios, ofreciendo una alternativa al uso de dinero en efectivo.

En el proceso de utilización de un cheque, intervienen tres partes clave. El titular de la cuenta, conocido como librador, emite la orden a su entidad bancaria, el librado, para que efectúe el pago de una cantidad específica al beneficiario o poseedor del cheque, ya sea una persona o una empresa.

Librador	Librado	Beneficiario
• Persona física o jurídica, emisora del cheque. El cheque llevará, por lo tanto, su firma.	• Intermediario de la operación. Se trata de la entidad bancaria a la que se le ordena el pago del cheque.	• Persona o empresa que recibe el pago del cheque por un producto o servicio.

 RECUERDA

En la actualidad, se emplean las palabras *cheque* y *talón* de manera intercambiable. Más que analizar posibles diferencias operativas o financieras entre estos términos, lo crucial radica en distinguir si el emisor es una persona o empresa, en cuyo caso se utiliza el término *cheque,* o si es la entidad bancaria la que emite el documento, momento en el cual se emplea el término *talón bancario.*

Características	Se utiliza para pagar sin necesidad de utilizar dinero físico. Cuando se presenta, se convierte en un documento que puede ser saldado. Su ejecución y realización están condicionadas a la disponibilidad de fondos en la cuenta asociada al cheque.
Pagar con cheque	Toda persona interesada en emitir cheques con cargo a una cuenta bancaria se asegurará de haber contratado el servicio con el banco. Normalmente es un servicio ligado a las cuentas corrientes y no a las cuentas de ahorro.
Cobrar un cheque	Tres opciones: • En efectivo. • Abonado en cuenta con la misma entidad. • Abonado en cuenta de una entidad distinta.
Pérdida o robo del cheque	El librador debe oponerse al pago del cheque revocándolo ante su entidad bancaria. El beneficiario que ya no tiene el cheque debe denunciar el hecho ante un juzgado o notario, quienes avisarán al banco de la denuncia para que se retenga de realizar el pago.

Instrucciones para emitir un cheque correctamente

1) Indicar el importe en número y letra; en caso de discrepancia, prevalece la cifra en letra.

2) Si los fondos del emisor son insuficientes, la entidad puede abonar parcialmente.

3) Plazos de presentación al cobro: según ámbito geográfico.

España: 15 días desde la emisión	Europa: 20 días	Resto del mundo: 60 días

Después de estos plazos, las entidades pueden pagar el cheque a menos que haya sido revocado, considerando factores como saldo, tiempo transcurrido y la operativa habitual de la entidad. La revocación implica la anulación comunicada por el librador.

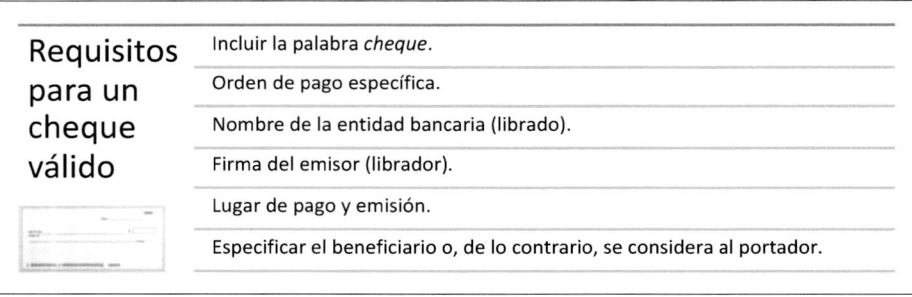

Requisitos para un cheque válido	Incluir la palabra *cheque*.
	Orden de pago específica.
	Nombre de la entidad bancaria (librado).
	Firma del emisor (librador).
	Lugar de pago y emisión.
	Especificar el beneficiario o, de lo contrario, se considera al portador.

Derechos	Obligaciones
Librador o emisor	
• La entidad bancaria no puede negarse al pago si hay fondos. • Anular el cheque si no se ha presentado al cobro en el plazo establecido.	• Tener fondos suficientes en tu cuenta. • Custodiar el talonario.
Beneficiario o emisor	
• Endosar o transmitir el cheque a otra persona, salvo pacto en contrario (si viene con la cláusula «no a la orden»). • Presentarlo al cobro y cobrarlo. Protestar o acreditar el impago, si es devuelto habiéndolo presentado en plazo. Reclamar el pago. • Recibir un documento de liquidación, si el cheque se cobra con abono en cuenta bancaria.	• Pagar las comisiones bancarias. • Entregar el cheque para recibir el pago. Respetar el plazo de presentación establecido para ello.

¿Existen diferentes tipos de cheques?

Sí, y sus diferencias son las siguientes:

1) Nominativo: se emite a nombre de una determinada persona.

2) Al portador: el beneficiario será la persona que lo presente en el banco. En la actualidad se está perdiendo esta fórmula por los riesgos de seguridad que presenta.

3) Conformado: es aquel que pretende evitar situaciones de insolvencia. El banco avala la existencia de fondos suficientes para el cobro de la suma de dinero que figura en el cheque. Dicho importe se retiene en la cuenta del librador para garantizar su pago.

4) Cruzado: solo puede cobrarse a través del ingreso en una cuenta del beneficiario. Es una fórmula que ofrece mayor seguridad a la transacción, ya que en caso de pérdida otra persona no lo va a poder cobrar.

 SABER MÁS

Diferencias entre cheque y pagaré:

a) Tiempo de cobro: el cheque puede ser cobrado en cualquier momento después de su emisión, mientras que el pagaré tiene una fecha de vencimiento establecida.

b) Aval: el cheque no permite aval, solo la intervención del banco, mientras que en el pagaré es posible añadir un aval que garantice el pago.

c) Beneficiario: el cheque puede ser al portador, sin necesidad de indicar el beneficiario, mientras que en el pagaré es obligatorio conocer y que el beneficiario se identifique en la entidad bancaria.

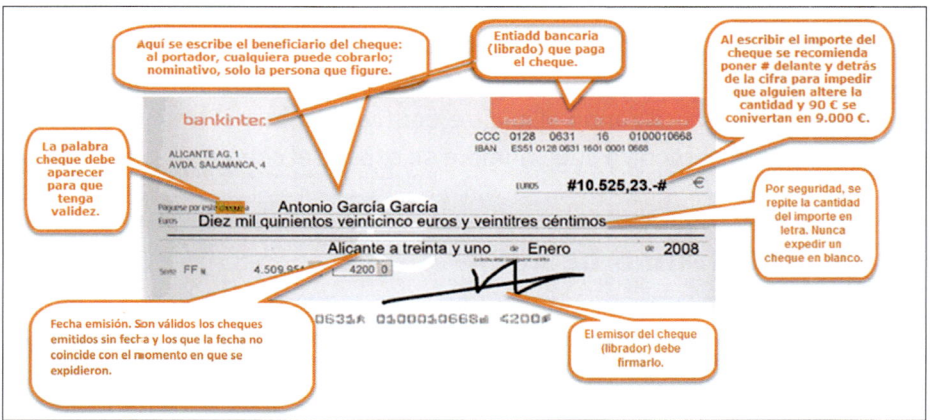

Fuente: *http://www.abanfin.com/*

¿Cómo endosar un cheque?

Si alguna vez te has preguntado cómo se endosa un cheque y no tienes claro cómo hacerlo, te explicamos el significado de endosar un cheque y los pasos a seguir para endosar un cheque nominativo.

Endosar significa transferir un cheque, pagaré, letra de cambio u otro título valor a otro titular. Por lo tanto, endosar un cheque es pasar su importe a una tercera persona.

Pasos para endosar un cheque para depositar:

1) Escribir el nombre del nuevo beneficiario: el beneficiario original debe escribir en la parte posterior del cheque el nombre de otra persona, quien será el nuevo beneficiario, y firmarlo.

2) Incluir datos adicionales: es recomendable añadir más datos del nuevo beneficiario, como su DNI. En el caso de personas jurídicas, deben incluir la expresión «por poder» o «p. p.» junto con el nombre de la empresa de forma clara.

3) Roles del endoso: el endosante es la persona que transfiere el derecho de cobro (acreedor original o posterior) y el endosatario es la persona a quien se le transfiere el derecho de cobro (acreedor actual).

¿Qué cheques pueden ser endosados?

Solo se pueden endosar los cheques al portador y los nominativos —aquellos con el nombre del beneficiario escrito— si incluyen explícitamente la cláusula «A LA ORDEN», lo cual permite su endoso o traspaso a otra persona.

Es importante saber que los cheques endosados están sujetos al impuesto sobre transmisiones patrimoniales y actos jurídicos documentados.

Por otro lado, un cheque con la mención «NO A LA ORDEN» no puede ser endosado, lo que significa que solo puede cobrarlo la persona a cuyo favor se emitió. Esta fórmula protege al emisor del cheque (el librador) de que terceros procedan contra él utilizando el juicio ejecutivo cambiario, una vía que solo podrá emplear la persona a cuyo nombre se expidió el cheque.

 ACTIVIDAD DE AULA

Emite un cheque nominativo que debe ser endosado a un tercero. Usa un formato de cheque vacío que encuentres en internet para crear el documento. Asegúrate de incluir los siguientes elementos:

- Nombre del beneficiario original.

- Nombre del nuevo beneficiario (endosatario).

- Firma del beneficiario original (endosante).

- Fecha de emisión del cheque.

- Cantidad a pagar en números y letras.

- Datos adicionales del nuevo beneficiario (DNI o nombre de la empresa con la expresión «por poder» o «p. p.», si aplica).

- Cláusula «a la orden» para permitir el endoso.

Una vez completado, revisa que todos los campos estén correctamente llenados y que el cheque esté listo para ser endosado al nuevo beneficiario.

Puedes encontrar un formato de cheque en la siguiente web:

 https://factureo.net/formato-de-cheque/

1.2.3. Tarjetas de débito y de crédito. Contactless. Otro tipo de tarjetas

Las tarjetas, emitidas por entidades bancarias o minoristas, son métodos de pago que permiten realizar transacciones sin necesidad de efectivo. Su uso generalizado agiliza las transacciones para consumidores y empresas al comprar productos o contratar servicios.

Además de pagos, las tarjetas ofrecen la posibilidad de retirar efectivo de cajeros, siempre vinculadas a una cuenta corriente del banco del titular.

Diversos tipos de tarjetas se distinguen por el emisor y las funcionalidades proporcionadas, diferenciándose en aspectos como:

A. Quién emite la tarjeta.

B. Tipos de funcionalidades disponibles.

Es esencial comprender las diversas peculiaridades de los tipos de tarjeta, así como las condiciones para contratarlas y los servicios que brindan.

A. Según el emisor de la tarjeta, existen las siguientes categorías de condiciones:

Bancarias	No bancarias	De fidelización
• Emitidas por los bancos. • En España, sus movimientos son gestionados por Sistemas de Tarjetas y Medios de Pago, S. A.	• Emitidas por las entidades bancarias en nombre de un comerciante. • Su uso es exclusivo y se restringe a las compras realizadas en dichos comercios.	• Emitidas por los comerciantes directamente. • Asociadas a programas de fidelización de los clientes, dando crédito al cliente. • Las compras están asociadas a descuentos y servicios de valor añadido en dicho comercio.

 SABER MÁS

Sistemas de Tarjetas y Medios de Pago, S. A. es el sistema español unificado de medios de pago, que nace tras la fusión de los tres regímenes de tarjetas existentes: ServiRed, Sistema 4B y EURO 6000. Fue autorizado por la CNMC el 1 de febrero de 2018. En el siguiente enlace se puede acceder a su página web para más información.

https://www.sistemapay.com/presentacion/

En el portal web de Abanfin.com (Asesores Bancarios y Financieros), se puede encontrar información muy útil sobre las tarjetas bancarias.

https://www.abanfin.com/?tit=tarjetas-bancarias&name=Manuales&fid=fh00021

Un caso de tarjeta de compra o fidelización es la proporcionada por El Corte Inglés. Algunos de los servicios incluidos son:

0 € sin coste de emisión ni mantenimiento	El pago se carga en la cuenta solo cuando recibes un pedido	100 % segura
Extractos mensuales Recuperación de tiques	Reposición sin coste en caso de extravío o robo	Servicios de compra inteligente (digital)

Bonificaciones de compras en determinadas compañías	Tiempo gratuito en *parking*	Atención al cliente 24 horas

B. Tipos de tarjetas bancarias:

Tarjetas de débito: utilizadas para acceder a los fondos de una cuenta corriente o de ahorro asociada, permiten pagos en comercios y retiros en cajeros automáticos. Ofrecen consulta de saldos y movimientos, registrando operaciones de manera instantánea.

Tarjetas de crédito: permiten realizar pagos o acceder a fondos dentro de un límite acordado con el banco. Funcionan a crédito, con devolución en plazos pactados, cargándolo en la cuenta asociada. El límite se actualiza mensualmente.

Tarjetas revolventes (pago aplazado): modalidad flexible de tarjetas de crédito que permite devolver el dinero en cuotas periódicas, reconstituyendo el crédito con cada pago.

Tarjetas prepago o monedero: diseñadas para pequeños pagos hasta un límite, se recargan con una cantidad específica de dinero y permiten realizar pagos hasta agotar el saldo, recargándolas según sea necesario.

- Las tarjetas bancarias utilizan tecnología *contactless,* o sin contacto.
- Mediante esta tecnología es posible realizar pagos sin introducir la tarjeta en el datáfono.

 RECUERDA

Un número creciente de establecimientos cuenta con datáfonos o terminales de punto de venta (TPV) optimizados para agilizar el proceso de pago. Basta con acercar la tarjeta al lector *contactless* para acceder al menú principal. Antes de completar una transacción, se solicitará la introducción del pin. Esta misma tecnología también se encuentra disponible en algunos cajeros automáticos.

Finalmente, es importante tener en cuenta que la emisión de tarjetas bancarias por parte de los bancos conlleva comisiones tanto en su emisión como en su mantenimiento. A través del Banco de España, se puede realizar una comparación entre entidades bancarias para conocer las distintas comisiones que ofrecen a sus clientes.

1.2.4. Dinero electrónico

Es un instrumento financiero que posibilita pagos y transferencias mediante dispositivos electrónicos. Los proveedores de pagos electrónicos ofrecen a sus clientes cuentas para gestionar movimientos y límites.

El sistema almacena dinero físico en una cuenta corriente o tarjeta de crédito, permitiendo pagos mediante soportes electrónicos como tarjetas virtuales, aplicaciones móviles, sitios web o plataformas especializadas.

Las transferencias electrónicas, respaldadas por entidades financieras, implican el envío de dinero de una cuenta a otra de forma electrónica. Resultan especialmente útiles para:

a) Pequeños pagos o gastos regulares.

b) Pagos seguros en línea.

c) Método de pago cómodo y accesible en cualquier situación.

facil(pass	**FACILPASS**	Pago electrónico en peajes.
PayPal	**PAYPAL**	Plataforma de pago en línea.
PAYCOMET	**PAYCOMET**	Plataforma de pagos en línea para empresas y negocios.
Redsýs	**REDSÝS**	Servicios de procesamiento de pagos electrónicos y otros servicios financieros.
Google Pay	**GOOGLE PAY**	Sistema de pago desde dispositivos móviles.
bizum	**BIZUM**	Servicios de pago instantáneo mediante transferencia bancaria.
stripe	**STRIPE**	Infraestructura de pagos por internet.

IMPORTANTE

La normativa que regula los sistemas de pago electrónico y sus operadores es:

Real Decreto Ley 19/2018, de 23 de noviembre, de servicios de pago y otras medidas urgentes en materia financiera.

Protección de los fondos de los usuarios de servicios de pago electrónico

A. Entidades de pago: deben proteger los fondos recibidos de los usuarios de servicios de pago mediante uno de los siguientes procedimientos:

   a) Separación de fondos: los fondos no se mezclarán con los de otras personas y, si no se han entregado al beneficiario o transferido al final del día hábil siguiente, se depositarán en una cuenta separada en una entidad de crédito o se invertirán en activos seguros. En caso de insolvencia de la entidad de pago, los usuarios tienen derecho a la separación de estos fondos de las reclamaciones de otros acreedores.

   b) Seguro o garantía: los fondos estarán cubiertos por una póliza de seguro o una garantía equivalente de una entidad independiente, asegurando el mismo nivel de protección en caso de insolvencia de la entidad de pago.

   El procedimiento utilizado será público y registrado oficialmente.

B. Fondos para operaciones futuras: si una entidad destina una parte de los fondos a operaciones de pago futuras y el resto a otros servicios, la parte destinada a pagos futuros también estará sujeta a los requisitos de protección. Si esta parte es variable o desconocida, se aplicará una estimación basada en datos históricos, aprobada por el Banco de España.

Transferencias bancarias	Tarjetas de crédito y débito	Billeteras digitales Cuentas de usuarios con saldos	Pagos móviles
Criptomonedas	Pagos a través de códigos QR	Transferencias instantáneas P2P (persona a persona)	Pagos en línea a través de plataformas de comercio electrónico

Sistemas de pago con dinero electrónico.

Para que los empleados de servicios a domicilio puedan saber que el cliente ha pagado mediante sistemas de pago electrónicos, existen varias opciones y métodos que pueden implementarse.

Notificación automática en la aplicación

Muchas aplicaciones de servicios a domicilio tienen un sistema integrado de notificaciones. Cuando el cliente realiza un pago electrónico, la aplicación puede enviar una notificación al empleado que realizará la entrega, indicando que el pago ha sido completado.

Actualización en el sistema de gestión de pedidos

Los sistemas de gestión de pedidos suelen actualizarse en tiempo real. cuando do un pago es procesado electrónicamente, el estado del pedido cambia automáticamente en el sistema, mostrando que el pago ha sido realizado. El empleado verifica esta información en la aplicación o en el dispositivo que usa para gestionar las entregas.

Mensaje de confirmación

Algunas plataformas envían un mensaje de texto o correo electrónico tanto al cliente como al empleado, confirmando que el pago ha sido recibido. El empleado puede verificar el mensaje en su dispositivo móvil.

Código de pago o recibo digital

El sistema de pago puede generar un código de confirmación o recibo digital que el cliente puede mostrar al empleado en el momento de la entrega. El empleado puede escanear el código o ingresarlo en el sistema para verificar el pago.

Interfaz de usuario en la aplicación del empleado

La aplicación utilizada por el empleado puede tener una interfaz que muestre claramente el estado del pedido y del pago. Por ejemplo, los pedidos pagados pueden estar marcados con un icono especial o en un color diferente.

Soporte al cliente

En caso de duda, el empleado puede ponerse en contacto con el soporte al cliente de la empresa para verificar el estado del pago antes de realizar la entrega.

Integración con servicios bancarios o de pago

Si la empresa tiene una integración directa con los servicios de pago electrónicos (como PayPal, Stripe, etc.), el sistema se actualiza automáticamente cuando se complete el pago, y esta información puede ser accesible para el empleado.

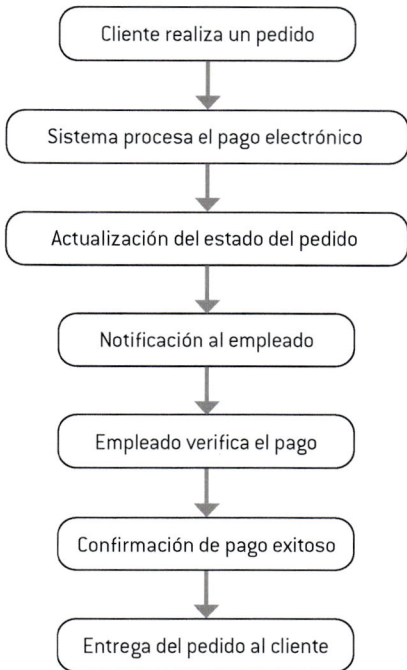

Diagrama de flujo que representa cada paso del proceso de verificación de pago electrónico desde la perspectiva de un empleado de servicios a domicilio.

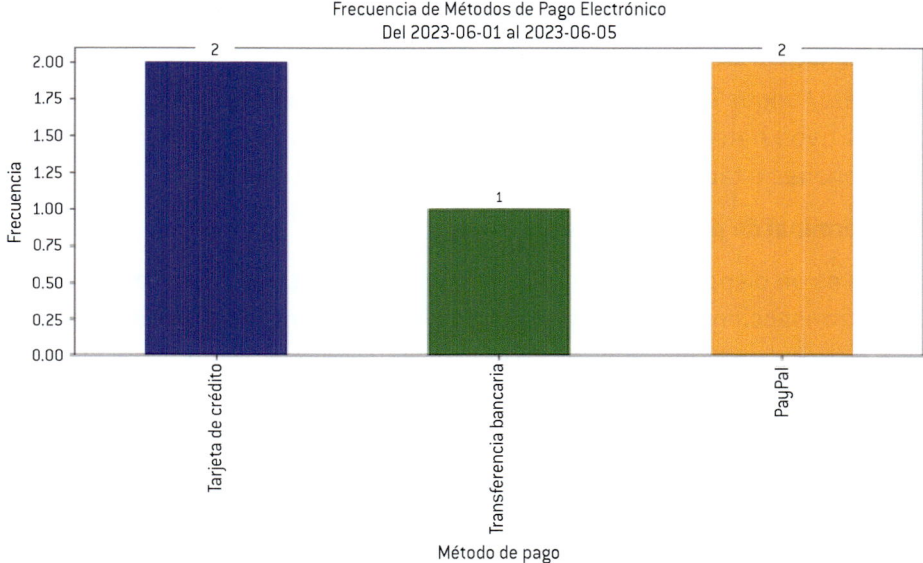

Gráfico de barras con los métodos de pago utilizados por los clientes en un determinado plazo de tiempo.

Se prevé que la evolución del dinero electrónico en la Unión Europea continúe hacia una mayor integración digital y una innovación constante en los servicios financieros. Con el impulso de tecnologías emergentes como la inteligencia artificial y la *blockchain*, es probable que los pagos electrónicos se vuelvan aún más seguros, rápidos y accesibles.

La Unión Europea probablemente fortalezca sus regulaciones para adaptarse a estos avances, garantizando la protección del consumidor y la estabilidad del sistema financiero. Además, la digitalización podría profundizar la inclusión financiera y facilitar la participación de nuevos actores en el mercado, promoviendo un entorno competitivo y dinámico que beneficie tanto a los consumidores como a las empresas.

El aumento del dinero electrónico y la digitalización de los pagos probablemente impulsarán un crecimiento significativo en los servicios de entrega a domicilio.

1.3. Definición y tipología de medios electrónicos en el proceso de cobro: PDA, TPV, datafonos, aplicaciones en dispositivos móviles, pagos con tecnología RFID/NFC, otros. Tarjetas virtuales (APP), plataformas de pago, etcétera

PDA (asistente digital personal):

Un PDA es un dispositivo electrónico que proporciona funcionalidades avanzadas como la gestión de contactos, calendario, tareas y aplicaciones adicionales. Aunque el término PDA fue más común en la década de 1990, estos dispositivos han evolucionado, siendo reemplazados en gran medida por *smartphones* y tabletas que ofrecen superiores prestaciones.

TPV (terminal de punto de venta):

Un TPV es un dispositivo utilizado en comercios y establecimientos para procesar transacciones financieras, como pagos con tarjeta de crédito o débito. Este terminal se conecta a una red de pagos y realiza la transacción de forma segura, ofreciendo opciones de pago electrónicas.

Datáfonos:

El término *datáfono* se utiliza comúnmente en algunos países de habla hispana para referirse a los terminales de pago. Estos dispositivos permiten la lectura de tarjetas y facilitan el proceso de pago electrónico en establecimientos comerciales. Pueden estar asociados a un TPV, para que este también registre los cobros y realice los asientos correspondientes en el programa de gestión.

Aplicaciones en dispositivos móviles (tarjetas virtuales):

Son programas o *software* diseñados para ejecutarse en dispositivos móviles, como *smartphones* o tabletas. Estas aplicaciones pueden tener diversas funciones, desde juegos y entretenimiento hasta herramientas productivas, incluyendo aplicaciones de pago que permiten realizar transacciones directamente desde el dispositivo móvil. La posibilidad de pago está asociado a una tarjeta bancaria.

Pagos con tecnología RFID/NFC:

RFID (identificación por radiofrecuencia) y NFC (comunicación de campo cercano) son tecnologías de comunicación inalámbrica que permiten la transmisión de datos entre dispositivos a corta distancia.

En el contexto de pagos, se utilizan para transacciones sin contacto, donde un dispositivo habilitado (como una tarjeta o un *smartphone*) se acerca a un lector compatible para realizar el pago de forma rápida y segura.

Plataformas de pago electrónico:

Es un servicio que permite a los comerciantes aceptar pagos en línea. Estas plataformas actúan como intermediarios entre el comerciante y el banco del comprador, facilitando la transferencia de fondos.

Ofrecen una serie de ventajas para los comerciantes y los consumidores, entre las que se incluyen:

- Seguridad: utilizan medidas de seguridad para proteger los datos de los clientes, como el cifrado de datos.

- Eficiencia: automatizan el proceso de pago, lo que ahorra tiempo y esfuerzo a los comerciantes.

- Amplia gama de opciones de pago: ofrecen una amplia gama de opciones de pago, lo que facilita a los clientes realizar sus compras.

Se pueden clasificar en dos tipos principales:

a) Pasare a de pago: es un servicio que permite a los comerciantes aceptar pagos con tarjeta de crédito o débito.

b) Cuenta de comerciante: es un servicio que permite a los comerciantes aceptar pagos con tarjeta de crédito o débito, así como con otros métodos de pago, como PayPal o Apple Pay.

Las plataformas de pago electrónico son una parte vertebral del comercio electrónico, ya que facilitan a los comerciantes aceptar pagos en línea y ampliar el segmento de clientes que demandan adquirir sus productos y servicios por esta vía. El comercio electrónico no existiría si los usuarios no pudieran gestionar sus compras por internet.

Pasarelas de pago		Cuentas de comerciante	
Adyen Braintree Stripe 2Checkout Worldpay	PayPal PayU MercadoPago Conekta	Square Shopify Payments PayPal Business Amazon Pay Google Pay for Business	Stripe Connect Adyen Merchant Account 2Checkout Merchant Account Worldpay Merchant Account

 SABER MÁS

En España, las dos pasarelas de pago más utilizadas son:

- **Redsys:** es una pasarela de pago española ampliamente adoptada por comercios en el país. Redsys ofrece soluciones de pago seguro tanto para comercio electrónico como para pagos presenciales, garantizando transacciones rápidas y seguras.

- **Shopify Payments:** es una opción cada vez más popular entre los comerciantes en España que utilizan la plataforma de comercio electrónico Shopify. Integra diversas opciones de pago directamente en las tiendas *online* de Shopify, simplificando la gestión de pagos y ofreciendo una experiencia de compra fluida para los clientes.

Estas pasarelas de pago proveen servicios digitales para el éxito de los negocios en línea en España.

El sector de servicios de entrega y recogida a domicilio ha experimentado un crecimiento exponencial en los últimos años, impulsado en parte por la creciente demanda de conveniencia por parte de los consumidores y la proliferación de tecnologías digitales.

Una parte fundamental de este crecimiento ha sido la adopción de soluciones de cobros y pagos electrónicos, que han permitido a las empresas ofrecer transacciones rápidas, seguras y eficientes.

1.3.1. Dispositivos de asistencia personal (PDA)

1. Definición y uso

   Los dispositivos de asistencia personal (PDA, por sus siglas en inglés) son herramientas portátiles que facilitan la gestión de tareas, incluyendo la realización de pagos electrónicos. En el contexto de servicios de entrega a domicilio, los PDA se utilizan para registrar pedidos, gestionar inventarios y procesar pagos.

2. Ventajas

   - Portabilidad: los PDA son compactos y ligeros, lo que facilita su uso en movimiento.

   - Integración: integran con sistemas de gestión de pedidos y bases de datos.

   - Eficiencia: permiten a los trabajadores procesar transacciones y actualizar registros en tiempo real.

3. Ejemplos de uso

   - Repartidores de comida: utilizan PDA para registrar entregas y procesar pagos en el lugar.

   - Servicios de mensajería: los PDA ayudan a rastrear paquetes y gestionar cobros.

1.3.2. Terminales punto de venta (TPV)

1. Definición y uso

   Los terminales punto de venta (TPV) son dispositivos electrónicos utilizados para procesar pagos con tarjeta en el punto de venta. Incluyen *hardware* y *software* que permiten realizar transacciones mediante tarjetas de crédito y débito.

2. Ventajas

   - Seguridad: cumplen con estándares de seguridad como PCI DSS, protegiendo la información financiera del cliente.

   - Versatilidad: aceptan múltiples formas de pago, incluyendo tarjetas con chip, banda magnética y *contactless*.

   - Registro de ventas: facilitan el seguimiento y la gestión de las ventas.

3. Ejemplos de uso

- Supermercados y tiendas de conveniencia: utilizan TPV para procesar pagos rápidamente.

- Restaurantes y cafeterías: los camareros utilizan TPV móviles para realizar cobros en las mesas.

1.3.3. Datáfonos

1. Definición y uso

   Los datáfonos son dispositivos que permiten la lectura de tarjetas bancarias para realizar pagos electrónicos. Se conectan a una línea telefónica o a internet para verificar y autorizar las transacciones.

2. Ventajas

- Rapidez: procesan pagos en cuestión de segundos.

- Compatibilidad: funcionan con la mayoría de tarjetas de crédito y débito.

- Comodidad: permiten a los clientes pagar de manera rápida y segura.

3. Ejemplos de uso

- Entrega a domicilio: repartidores de diversas industrias utilizan datáfonos para cobrar en el momento de la entrega.

- Eventos y ferias: vendedores temporales emplean datáfonos para facilitar los pagos de los asistentes.

1.3.4. Aplicaciones en dispositivos móviles

1. Definición y uso

   Las aplicaciones en dispositivos móviles permiten a los usuarios realizar pagos mediante sus teléfonos inteligentes. Estas aplicaciones pueden vincularse a cuentas bancarias, tarjetas de crédito o monederos electrónicos.

2. Ventajas

- Conveniencia: los usuarios pueden realizar pagos desde cualquier lugar y en cualquier momento.

- Seguridad: muchas aplicaciones utilizan autenticación biométrica (huella cactilar, reconocimiento facial) para proteger las transacciones.

- Versatilidad: se integran con otros servicios y aplicaciones.

3. Ejemplos de uso

- Aplicaciones de entrega de comida: permiten a los clientes pagar sus pedidos directamente desde la aplicación.

- Aplicaciones de transporte: servicios como Uber y Lyft procesan pagos mediante sus aplicaciones móviles.

1.3.5. Pagos con tecnología RFID/NFC

1. Definición y uso

   La tecnología RFID (*Radio Frequency Identification*) y NFC (*Near Field Communication*) permiten realizar pagos sin contacto mediante dispositivos compatibles, como tarjetas *contactless* o teléfonos inteligentes.

2. Ventajas

- Rapidez: las transacciones se completan en segundos.

- Higene: al no requerir contacto físico, son ideales en situaciones donde la higiene es una prioridad.

- Facilidad de uso: los usuarios simplemente acercan su tarjeta o dispositivo al lector para realizar el pago.

3. Ejemplos de uso

- Transporte público: los pasajeros utilizan tarjetas *contactless* para pagar sus viajes.

- Tiendas minoristas: los clientes pagan rápidamente con sus tarjetas o teléfonos.

1.3.6. Tarjetas virtuales (APP)

1. Definición y uso

   Las tarjetas virtuales son versiones digitales de las tarjetas de crédito o débito físicas, accesibles a través de aplicaciones móviles. Ofrecen una forma segura y conveniente de realizar pagos en línea y en establecimientos físicos.

2. Ventajas

- Seguridad: reducen el riesgo de fraude al generar números de tarjeta temporales.

- Comodidad: los usuarios pueden acceder a sus tarjetas desde sus dispositivos móviles sin necesidad de llevar las tarjetas físicas.

- Control: permiten a los usuarios establecer límites de gasto y desactivar la tarjeta temporalmente.

3. Ejemplos de uso

- Compras en línea: los usuarios emplean tarjetas virtuales para realizar transacciones seguras en sitios web.

- Pagos en aplicaciones: servicios de *streaming*, suscripciones y compras dentro de aplicaciones.

1.3.7. Plataformas de pago

1. Definición y uso

   Las plataformas de pago son servicios que facilitan las transacciones electrónicas entre compradores y vendedores. Incluyen empresas como PayPal, Stripe, Square y otras.

2. Ventajas

- Integración sencilla: ofrecen API y herramientas que permiten a los negocios integrar pagos electrónicos fácilmente.

- Seguridad: cumplen con altos estándares de seguridad para proteger la información de los usuarios.

- Opciones diversas: aceptan múltiples métodos de pago, incluyendo tarjetas, transferencias bancarias y monederos electrónicos.

3. Ejemplos de uso

- Comercios electrónicos: tiendas en línea utilizan plataformas de pago para gestionar transacciones.

- Servicios por suscripción: empresas que ofrecen servicios recurrentes utilizan estas plataformas para cobrar a sus clientes.

Skrill Skrill es una plataforma de pago electrónico que permite a los usuarios enviar y recibir dinero en todo el mundo. La compañía fue fundada en 2001 y tiene su sede en Londres, Reino Unido.

- Enviar y recibir dinero: permite a los usuarios enviar y recibir dinero a otros usuarios de Skrill, así como a personas que no tienen una cuenta.

- Pagos en línea: se puede utilizar para realizar pagos en línea a comerciantes que lo aceptan como método de pago.

- Retiros de efectivo: permite a los usuarios retirar dinero de sus cuentas a través de una tarjeta de débito, una cuenta bancaria o un cajero automático.

- Comercio electrónico: ofrece una plataforma de comercio electrónico que permite a los comerciantes aceptar pagos en línea de sus clientes, preparar el envío y gestión la entrega.

Está disponible en más de 200 países y regiones y se admite en más de 40 monedas. La compañía tiene más de 40 millones de usuarios registrados.

Test de autoevaluación

1.1. **¿Cuál de los siguientes documentos se utiliza comúnmente como justificativo en una operación de cobro?**

    a) Contrato de trabajo.

    b) Factura.

    c) Presupuesto.

1.2. **¿Qué medio de pago se caracteriza por ser dinero físico?**

    a) Efectivo.

    b) Cheque.

    c) Tarjeta de débito.

1.3. **¿Cuál de estos documentos es utilizado para acreditar el pago de impuestos?**

    a) Recibo.

    b) Carta de pago.

    c) Tique.

1.4. **¿Qué medio de pago requiere la firma del beneficiario para ser cobrado?**

    a) Efectivo.

    b) Cheque.

    c) Tarjeta *contactless*.

1.5. **¿Cuál es un ejemplo de medio electrónico de cobro?**

    a) TPV.

    b) Billete.

    c) Monedero.

1.6. ¿Qué tipo de documento justificativo es comúnmente utilizado para compras pequeñas en tiendas?

a) Factura.

b) Justificante de cobro.

c) Tique.

1.7. ¿Qué medio de pago se realiza a través de aplicaciones en dispositivos móviles?

a) Tarjeta de débito.

b) Pago con tecnología RFID/NFC.

c) Reembolso.

1.8. ¿Cuál es el documento que una empresa emite para acreditar que ha recibido un pago?

a) Presupuesto.

b) Justificante de cobro.

c) Carta de pago.

1.9. ¿Qué medio de pago no requiere contacto físico entre la tarjeta y el lector?

a) Tarjeta *contactless*.

b) Cheque.

c) Efectivo.

1.10. ¿Qué dispositivo se utiliza en tiendas para realizar cobros electrónicos mediante tarjetas?

a) PDA.

b) Datáfono.

c) Billete.

1.11. ¿Qué documento se utiliza para registrar una venta y su cobro inmediato?

a) Tique.

b) Carta de pago.

c) Presupuesto.

1.12. **¿Qué medio de pago es específico para compras *online* y no requiere tarjeta física?**

a) Efectivo.

b) Cheque.

c) Tarjetas virtuales (APP).

1.13. **¿Qué medio de pago permite el cobro de fondos directamente de la cuenta bancaria del cliente?**

a) Tarjeta de débito.

b) Monedero.

c) Cheque.

1.14. **¿Qué tipo de documento justificativo se emite al pagar una multa?**

a) Factura.

b) Carta de pago.

c) Recibo.

1.15. **¿Qué medio de pago electrónico utiliza un dispositivo móvil para realizar transacciones?**

a) Cheque.

b) Pago con tecnología RFID/NFC.

c) Billete.

1.16. **¿Qué documento se utiliza como prueba de una transacción de venta a crédito?**

a) Presupuesto.

b) Factura.

c) Justificante de cobro.

1.17. **¿Qué medio de pago permite realizar transacciones sin necesidad de efectivo ni cheque?**

a) Reembolso.

b) Tarjeta de crédito.

c) Carta de pago.

1.18. **¿Qué dispositivo electrónico es portátil y se utiliza para registrar cobros?**

a) Billete.

b) PDA.

c) Tarjeta *contactless.*

1.19. **¿Qué documento es emitido por una tienda como comprobante de una compra pagada?**

a) Factura.

b) Tique.

c) Presupuesto.

1.20. **¿Qué plataforma permite realizar pagos electrónicos a través de internet?**

a) Cheque.

b) Plataforma de pago.

c) Efectivo.

2. Normativa aplicable y equipos utilizados en el proceso de cobro

Contenido

En España y en el ámbito de la Unión Europea, la normativa aplicable y los equipos utilizados en el proceso de cobro se establecen para garantizar la transparencia, la seguridad y el cumplimiento de las regulaciones vigentes en las transacciones comerciales.

La adecuada gestión del proceso de cobro no solo afecta la eficiencia operativa de las empresas, sino también la confianza del consumidor y el cumplimiento de normativas que protegen los derechos de ambas partes involucradas en las transacciones comerciales.

En el contexto de la Unión Europea (UE), el marco legal que regula el proceso de cobro en transacciones comerciales se fundamenta principalmente en las siguientes normativas y directivas:

A. **Directiva sobre servicios de pago (DSP2):** esta directiva establece un marco regulador para los servicios de pago dentro de la UE, promoviendo la competencia, la innovación y la seguridad en los pagos electrónicos. La DSP2 introduce requisitos específicos para la autenticación reforzada del cliente (SCA) y protección de datos en las transacciones electrónicas.

B. **Reglamento general de protección de datos (RGPD):** aunque no específico para el proceso de cobro, el RGPD regula la protección de los datos personales de los individuos dentro de la UE. Esto incluye la gestión y almacenamiento seguro de la información financiera y personal utilizada en transacciones comerciales.

C. **Directiva sobre prácticas comerciales desleales (UCPD):** tiene como objetivo proteger a los consumidores contra prácticas comerciales engañosas y agresivas, garantizando la transparencia en las transacciones y promoviendo una competencia justa en el mercado único europeo.

D. **Directiva sobre los derechos de los consumidores:** establece los derechos mínimos de los consumidores en la UE en términos de información precontractual, confirmación del contrato, entrega de bienes y derechos de desistimiento, lo cual también se aplica al proceso de cobro y a las condiciones contractuales.

E. **Directiva sobre instrumentos de medida (MID):** establece las normas y requisitos para los equipos utilizados en la medición y transacción de bienes y servicios en la UE, asegurando la fiabilidad y precisión de los instrumentos utilizados en el proceso de cobro.

Es importante entender que el marco legal que regula el proceso de cobro en la Unión Europea no solo garantiza la protección de los consumidores y la seguridad en las transacciones comerciales, sino que también juega un papel fundamental en la preservación del principio de libre circulación de personas, mercancías y capitales dentro del mercado único europeo.

La aplicación coherente de normativas como la Directiva sobre servicios de pago (DSP2), el Reglamento general de protección de datos (RGPD) y la Directiva sobre prácticas comerciales desleales (UCPD) no solo fortalece la confianza del consumidor y la competitividad empresarial, sino que también elimina barreras innecesarias que podrían obstaculizar el flujo libre y justo de bienes y servicios a través de las fronteras europeas.

Al establecer estándares comunes para la autenticación segura de pagos electrónicos, la protección de datos personales y la promoción de prácticas comerciales transparentes, estas normativas aseguran que las transacciones comerciales dentro de la UE sean eficientes, seguras y conformes con los principios de igualdad de acceso y competencia en el mercado único. Beneficia a los consumidores y empresas, y fortalece la integración económica europea y promueve un entorno favorable para la inversión y el crecimiento económico sostenible.

Resumen de normativa comunitaria con su fuente de derecho
A. Directiva sobre servicios de pago (DSP2):
Directiva (UE) 2015/2366 del Parlamento Europeo y del Consejo, de 25 de noviembre de 2015, sobre servicios de pago en el mercado interior, que modifica las Directivas 2002/65/CE, 2009/110/CE y 2013/36/UE y el Reglamento (UE) n.º 1093/2010, y se deroga la Directiva 2007/64/CE.
B. Reglamento general de protección de datos (RGPD):
Reglamento (UE) 2016/679 del Parlamento Europeo y del Consejo, de 27 de abril de 2016, relativo a la protección de las personas físicas en lo que respecta al tratamiento de datos personales y a la libre circulación de estos datos.
C. Directiva sobre prácticas comerciales desleales (UCPD):
Directiva 2005/29/CE del Parlamento Europeo y del Consejo, de 11 de mayo de 2005, relativa a las prácticas comerciales desleales de las empresas en sus relaciones con los consumidores en el mercado interior y por la que se modifica la Directiva 84/450/CEE del Consejo y las Directivas 97/7/CE, 98/27/CE y 2002/65/CE del Parlamento Europeo y del Consejo y la Directiva 2005/29/CE del Parlamento Europeo y del Consejo.
D. Directiva sobre los derechos de los consumidores:
Directiva 2011/83/UE del Parlamento Europeo y del Consejo, de 25 de octubre de 2011, sobre los derechos de los consumidores.
E. Directiva sobre instrumentos de medida (MID):
Directiva 2014/32/UE del Parlamento Europeo y del Consejo, de 26 de febrero de 2014, relativa a la armonización de las legislaciones de los Estados miembros sobre la comercialización de instrumentos de medida.

2.1. Normativa básica de las operaciones de compraventa

La normativa básica de las operaciones de compraventa en España se encuentra regulada por el Código Civil y el Código de Comercio.

2.1.1. Código Civil

El Código Civil regula los contratos en general, entre ellos el contrato de compraventa. El artículo 1445 del Código Civil define la compraventa como «un contrato por el que una persona se obliga a entregar una cosa y la otra a pagar por ella un precio en dinero».

Las principales normas del Código Civil aplicables a las operaciones de compraventa son las siguientes:

- Forma del contrato: el contrato de compraventa puede celebrarse por escrito o verbalmente. Sin embargo, para que sea válido en caso de litigio, es recomendable que se celebre por escrito.

- Objeto del contrato: debe ser una cosa física o un derecho susceptible de ser transmitido por el vendedor al comprador.

- Precio del contrato: debe ser en dinero.

- Entrega de la cosa: el vendedor está obligado a entregar la cosa al comprador en el lugar y plazo pactados.

- Pago del precio: el comprador está obligado a pagar el precio al vendedor en el lugar y plazo pactados.

2.1.2. Código de Comercio

El Código de Comercio regula las operaciones de compraventa entre comerciantes. Las principales normas del Código de Comercio aplicables a las operaciones de compraventa son las siguientes:

- Forma del contrato: el contrato de compraventa entre comerciantes debe celebrarse por escrito.

- Entrega de la cosa: el vendedor está obligado a entregar la cosa al comprador inmediatamente después de la celebración del contrato.

- Plazo de pago: el pago del precio debe realizarse dentro de los treinta días siguientes a la entrega de la cosa.

Además de estas normas generales, existen otras normas específicas aplicables a determinadas operaciones de compraventa, como la Ley de Garantías en la Venta de Bienes de Consumo o la Ley General para la Defensa de los Consumidores y Usuarios y otras leyes complementarias.

Garantías en la venta de bienes de consumo	Defensa de los consumidores y usuarios
Ley 23/2003, de 10 de julio, de Garantías en la Venta de Bienes de Consumo.	*Ley 4/2022, de 25 de febrero, de protección de los consumidores y usuarios frente a situaciones de vulnerabilidad social y económica.*
Regula las garantías que los vendedores deben ofrecer a los consumidores cuando adquieren bienes de consumo. La ley establece que los bienes de consumo deben ser conformes con el contrato de compraventa, y que los consumidores tienen derecho a exigir la reparación, la sustitución, la rebaja del precio o la resolución del contrato si el bien no es conforme.	Tiene como objetivo reforzar la protección de los consumidores y usuarios que se encuentran en una situación de vulnerabilidad social y económica. La ley establece una serie de medidas para garantizar que estos consumidores tengan acceso a los bienes y servicios básicos, así como para evitar que sean objeto de prácticas comerciales abusivas.

 IMPORTANTE

Normativas actualizadas a día 2 de enero de 2024.

Las normas mencionadas anteriormente se encuentran actualizadas a día 2 de enero de 2024. Sin embargo, es importante tener en cuenta que la normativa puede ser modificada en cualquier momento, por lo que es recomendable consultar la normativa vigente en cada momento.

Real Decreto Legislativo 1/2007, de 16 de noviembre, aprueba el texto refundido de la Ley General para la Defensa de los Consumidores y Usuarios y otras leyes complementarias.

Tiene como objetivo principal proteger los derechos e intereses de los consumidores y usuarios en España. Se abordan diversas áreas, incluyendo la información precontractual, los derechos de desistimiento, las garantías, las prácticas comerciales desleales y la responsabilidad por productos defectuosos. Además, establece disposiciones para la transparencia en los contratos, promoviendo un equilibrio justo entre los consumidores y las empresas, así como la garantía de calidad y seguridad en los bienes y servicios ofrecidos en el mercado.

CÓDIGO DE COMERCIO

REGISTRO MERCANTIL

- Reglamento del Registro Mercantil

COMPETENCIA Y CONSUMIDORES

- Ley General de Publicidad
- Ley de Competencia Desleal
- Ley de Defensa de la Competencia.
  [Revisión vigente desde 29 de diciembre de 2023]
- Reglamento de Defensa de la Competencia
- Texto refundido de la Ley General para la Defensa de los Consumidores y Usuarios
- Ley de protección de los consumidores en la contratación de bienes
- Ley relativa a la resolución alternativa de litigios en materia de consumo

SOCIEDADES MERCANTILES

- Texto refundido de la Ley de Sociedades de Capital
- Ley de Agrupaciones de Interés Económico
- Ley sobre el Régimen Jurídico de las Sociedades de Garantía Recíproca
- Ley de Sociedades Laborales y Participadas
- Ley de Cooperativas
- Ley de Instituciones de Inversión Colectiva
- Ley por la que se regulan las entidades de capital-riesgo
- Ley de sociedades profesionales
- Ley de Sociedades Anónimas Cotizadas de Inversión en el Mercado Inmobiliario
- Sociedades anónimas deportivas

LETRA DE CAMBIO Y CHEQUE

- Ley Cambiaria y del Cheque

CONTRATACIÓN MERCANTIL

- Ley sobre Contrato de Agencia
- Ley de Ordenación del Comercio Minorista
- Ley sobre condiciones generales de la contratación
- Ley de Venta a Plazos de Bienes Muebles
- Ley de servicios de la sociedad de la información y de comercio electrónico
- Ley de comercialización a distancia de servicios financieros destinados a consumidores
- Ley de contratos de crédito al consumo
- Ley de Contrato de Seguro
- Texto refundido de la Ley de ordenación y supervisión de los seguros privados
- Ley de ordenación, supervisión y solvencia de las entidades aseguradoras
- Ley de medidas de lucha contra la morosidad en las operaciones comerciales

Códigos electrónicos

Código de Comercio y legislación complementaria

BOLETÍN OFICIAL DEL ESTADO
BOE

Requisitos de información precontractual	Obligaciones de las partes contratantes	Proceso de formación del contrato
Derechos y obligaciones durante la ejecución del contrato	Condiciones de entrega de bienes y servicios	Derechos de desistimiento y devolución
Responsabilidad por productos defectuosos	Normas de facturación y documentación asociada	Garantías y reclamaciones posventa
	Procedimientos de resolución de conflictos	

1) Requisitos de información precontractual:

Los vendedores deben proporcionar información clara y precisa sobre el producto o servicio antes de que se celebre el contrato.

2) Obligaciones de las partes contratantes:

Ambas partes deben cumplir con los términos y condiciones acordados en el contrato de compraventa.

3) Proceso de formación del contrato:

El contrato se forma cuando ambas partes están de acuerdo en los términos esenciales de la transacción.

4) Derechos y obligaciones durante la ejecución del contrato:

Las partes tienen derechos y deberes específicos en cuanto a la entrega, calidad y pago según lo acordado en el contrato.

5) Condiciones de entrega de bienes y servicios:

Las condiciones de entrega deben especificarse claramente, incluyendo el lugar y el momento de la entrega.

6) Derechos de desistimiento y devolución:

Los consumidores suelen tener derecho a desistir del contrato dentro de un periodo específico y a devolver productos en ciertas condiciones.

7) Responsabilidad por productos defectuosos:

Los vendedores son responsables de los productos defectuosos o que no cumplen con las expectativas razonables del consumidor.

8) Normas de facturación y documentación asociada:

Las facturas deben cumplir con ciertos requisitos legales y pueden requerir documentación adicional dependiendo del tipo de producto o servicio.

9) Garantías y reclamaciones posventa:

Los consumidores pueden tener derecho a garantías sobre los productos y a realizar reclamaciones si estos no cumplen con las expectativas o presentan defectos.

10) Procedimientos de resolución de conflictos:

Las partes deben seguir procedimientos específicos para resolver disputas relacionadas con el contrato, que pueden incluir mediación, arbitraje o litigio según lo acordado inicialmente o establecido por la ley.

En el contexto de una operación comercial entre empresas y consumidores finales, donde la transacción puede realizarse de manera electrónica y no exista una negociación contractual detallada, los contratos de compraventa se establecen típicamente a través de los siguientes elementos:

- **Oferta y aceptación:** la empresa presenta una oferta (a través de su catálogo de productos, sitio web, plataforma de comercio electrónico, etc.) y el consumidor final acepta esta oferta al realizar el pedido y efectuar el pago.

- **Condiciones generales:** las condiciones generales de venta de la empresa (como términos y condiciones disponibles en su sitio web) suelen formar parte integral del contrato, especificando aspectos como precios, condiciones de entrega, derechos de desistimiento, etcétera.

- **Confirmación de la transacción:** una vez que el consumidor realiza el pago, se considera que hay una confirmación de la transacción, que actúa como la aceptación final de las condiciones ofrecidas por la empresa.

- **Leyes aplicables:** dependiendo del país y de las regulaciones pertinentes, pueden existir disposiciones legales específicas que regulen las transacciones electrónicas y establezcan los derechos y obligaciones de ambas partes.

RECUERDA

Aunque la interacción entre empresa y consumidor final puede ser principalmente a través de medios electrónicos y el proceso de compra puede parecer simplificado, la formación del contrato sigue siendo necesaria y está sujeta a las condiciones generales de venta y a las leyes aplicables a las operaciones comerciales.

2.2. Normativa aplicable de protección de datos personales

La normativa comunitaria vigente sobre protección de datos es el **Reglamento general de protección de datos (RGPD)**, que entró en vigor el 25 de mayo de 2018.

El RGPD es un reglamento de la Unión Europea que establece un marco común para la protección de los datos personales en todos los Estados miembros de la UE.

Se aplica a todas las organizaciones que tratan datos personales de personas físicas residentes en la UE, independientemente de su ubicación. El reglamento establece una serie de derechos para las personas físicas, como el derecho a ser informadas sobre el tratamiento de sus datos, el derecho a acceder a sus datos, el derecho a rectificarlos o eliminarlos, y el derecho a oponerse al tratamiento de sus datos.

El RGPD también establece una serie de obligaciones para las organizaciones que tratan datos personales, como la obligación de obtener el consentimiento de las personas físicas para tratar sus datos, la obligación de informar a las personas físicas sobre el tratamiento de sus datos, y la obligación de proteger los datos personales de manera adecuada.

2.2.1. Protección de datos en la Unión Europea

Las normas de protección de datos en la UE son reconocidas como las más rigurosas del mundo, considerando la protección de datos personales un derecho fundamental.

En la página web del **Consejo de la Unión Europea** se pueden consultar temas relativos a los siguientes ámbitos:

- La protección de datos como derecho fundamental.

- Reglamento general de protección de datos (RGPD).

- Directiva sobre protección de datos en el ámbito penal.

- Datos personales en la era digital.

El rápido avance tecnológico de las últimas dos décadas ha planteado nuevos desafíos en la protección de datos personales. El volumen de datos recopilados e intercambiados ha aumentado exponencialmente, a menudo a nivel global, y los ciudadanos comparten más datos personales públicamente.

La integración económica y social del mercado interior ha incrementado significativamente los flujos transfronterizos de datos. Para adaptarse a estos cambios y fomentar la economía digital, es esencial garantizar un alto nivel de protección de datos personales, permitiendo al mismo tiempo su libre circulación.

En cuanto a los datos personales utilizados por las fuerzas policiales, es cada vez más común que las autoridades de los Estados miembros necesiten tratar e intercambiar datos en la lucha contra la delincuencia transnacional y el terrorismo. Por ello, contar con normas claras y coherentes de protección de datos a nivel de la Unión Europea es fundamental para mejorar la cooperación entre estas autoridades.

2.2.2. La protección de datos como derecho fundamental

Desde la firma del Tratado de Lisboa en 2007, la protección de datos personales se reconoce como un derecho fundamental en la legislación de la Unión Europea, garantizado por:

- El Tratado de Funcionamiento de la Unión Europea.

- La Carta de los Derechos Fundamentales de la UE.

Esto proporciona una base jurídica específica para adoptar leyes que protejan este derecho fundamental. El artículo 8 de la Carta de los Derechos Fundamentales de la UE establece que toda persona tiene derecho a:

- La protección de los datos personales que le conciernen.

- Acceder a los datos recogidos sobre sí misma y obtener su rectificación.

En España, el RGPD se complementa con la **Ley Orgánica 3/2018, de 5 de diciembre, de Protección de Datos Personales y garantía de los derechos digitales.** Establece una serie de disposiciones específicas para el tratamiento de datos personales en España, como la creación de la Agencia Española de Protección de Datos, que es el organismo responsable de velar por el cumplimiento del RGPD en España.

RECUERDA

El RGPD tiene como objetivo garantizar que las personas físicas tengan un mayor control sobre sus datos personales y que las organizaciones que tratan esos datos personales lo hagan de manera responsable y segura.

Algunos de los **principales aspectos** del **RGPD** incluyen:

A. Seis principios básicos:

1) Legalidad, lealtad y transparencia: el tratamiento de datos personales debe ser legal, leal y transparente.

2) Limitación de la finalidad: los datos personales solo pueden ser tratados para los fines para los que fueron recogidos.

3) Minimización de datos: los datos personales deben ser adecuados, pertinentes y limitados a lo necesario para los fines para los que se tratan.

4) Exactitud: los datos personales deben ser exactos y actualizados.

5) Limitación del plazo de conservación: los datos personales solo deben conservarse durante el tiempo necesario para los fines para los que se tratan.

6) Integridad y confidencialidad: los datos personales deben ser tratados de manera segura, protegiendo su integridad y confidencialidad.

B. El RGPD otorga a las personas físicas una serie de derechos en relación con sus datos personales, que son:

1) Derecho a la información: las personas físicas tienen derecho a ser informadas sobre el tratamiento de sus datos personales.

2) Derecho de acceso: las personas físicas tienen derecho a acceder a sus datos personales.

3) Derecho de rectificación: las personas físicas tienen derecho a rectificar sus datos personales si son inexactos o incompletos.

4) Derecho de supresión: las personas físicas tienen derecho a que sus datos personales sean suprimidos en determinadas circunstancias.

5) Derecho a la limitación del tratamiento: las personas físicas tienen derecho a que el tratamiento de sus datos personales sea limitado en determinadas circunstancias.

6) Derecho a la portabilidad de los datos: las personas físicas tienen derecho a recibir sus datos personales en un formato estructurado, de uso común y legible por máquina.

7) Derecho de oposición: las personas físicas tienen derecho a oponerse al tratamiento de sus datos personales en determinadas circunstancias.

C. Obligaciones para los responsables del tratamiento de datos personales:

1) Obligación de obtener el consentimiento: los responsables del tratamiento de datos personales solo pueden tratar datos personales si han obtenido el consentimiento de las personas físicas afectadas.

2) Obligación de informar: los responsables del tratamiento de datos personales deben informar a las personas físicas afectadas sobre el tratamiento de sus datos personales.

3) Obligación de garantizar la seguridad: los responsables del tratamiento de datos personales deben garantizar la seguridad de los datos personales que tratan.

4) Obligación de cumplir con las solicitudes de los interesados: los responsables del tratamiento de datos personales deben cumplir con las solicitudes de los interesados relacionadas con sus datos personales.

 SABER MÁS

La Agencia Española de Protección de Datos (AEPD) es un organismo público independiente que tiene como misión garantizar el cumplimiento de la normativa de protección de datos en España. La AEPD está adscrita al ministerio competente en asuntos económicos de cada legislatura. .

Las funciones principales de la AEPD son:

- Velar por el cumplimiento de la normativa de protección de datos: la AEPD tiene la competencia para investigar y sancionar los incumplimientos de la normativa de protección de datos.

- Promover la cultura de la protección de datos: la AEPD lleva a cabo campañas de sensibilización y formación para promover la cultura de la protección de datos entre la ciudadanía y las organizaciones.

- Asesorar a las personas y organizaciones: la AEPD ofrece asesoramiento a las personas y organizaciones sobre sus derechos y obligaciones en materia de protección de datos.

aepd agencia española protección datos

Fuente: *https://www.consilium.europa.eu/es/infographics/ data-protection-regulation-infographics/#0*

2.3. Normas de uso de medios de cobro: PDA, TPV, datáfonos, lectores ópticos de códigos de barras, dispositivos con tecnología RFID/NFC, entre otros

Las siguientes herramientas son claves para los comercios y empresas, ya que permiten agilizar la gestión del negocio, el proceso de pago y la reducción del riesgo de fraude. El correcto uso de estos medios sirve para proteger los datos personales de los clientes, los datos económicos de la empresa, y para evitar el riesgo de robo o fraude.

PDA

- La PDA debe estar en buen estado de funcionamiento y con la batería cargada.
- El usuario debe identificarse correctamente ante el cliente.
- El usuario debe introducir los datos de la transacción correctamente.
- La PDA debe utilizarse en un lugar seguro, protegido de miradas indiscretas.

TPV

- El TPV debe estar conectado a una red segura.
- El usuario debe identificarse correctamente ante el cliente.
- El usuario debe introducir los datos de la transacción correctamente.
- El TPV debe utilizarse en un lugar seguro, protegido de miradas indiscretas.

Datáfono

- El datáfono debe estar conectado a una red segura.
- El usuario debe identificarse correctamente ante el cliente.
- El usuario debe introducir el número de tarjeta correctamente.
- El datáfono debe utilizarse en un lugar seguro, protegido de miradas indiscretas.

Lector de códigos de barras

- El lector de códigos de barras debe estar en buen estado de funcionamiento.
- El usuario debe colocar el código de barras correctamente en el lector.
- El usuario debe comprobar que los datos leídos son correctos.

Dispositivos con tecnología RFID/NFC

- Los dispositivos con tecnología RFID/NFC deben estar en buen estado de funcionamiento.

- El usuario debe colocar el dispositivo correctamente en el lector.

- El usuario debe comprobar que los datos leídos son correctos.

Proteger los datos personales:

- Los datos personales de los clientes, como los números de tarjetas de crédito o débito, deben protegerse de accesos no autorizados. Para ello, se recomienda utilizar sistemas de cifrado y almacenamiento seguro de datos.

Evitar el fraude:

- Es importante tomar medidas para evitar el fraude con medios de pago electrónicos. Para ello, se recomienda utilizar sistemas de detección de fraudes y formar a los empleados en la prevención de delitos económicos.

Estos dispositivos permiten una gestión eficiente del inventario y las transacciones, facilitan la identificación de productos y clientes de manera precisa y registran las operaciones de manera electrónica. La automatización y la trazabilidad que proporcionan estos medios minimizan las oportunidades para prácticas fraudulentas y mejoran la seguridad en el manejo de las operaciones comerciales. Además, la tecnología moderna contribuye a una gestión más segura y transparente, fortaleciendo la integridad y la confianza en el entorno comercial.

Instrucciones básicas de uso de los principales dispositivos electrónicos para registrar operaciones comerciales B2C

1. PDA (*Personal Digital Assistants*)

Las PDA son dispositivos portátiles que permiten gestionar información y realizar tareas comerciales en movimiento.

Instrucciones de uso:

Encender/apagar:

1) Pulsa el botón de encendido hasta que la pantalla se ilumine.

2) Para apagar, mantén pulsado el botón de encendido y selecciona «Apagar».

Navegación básica:

1) Utiliza la pantalla táctil y el lápiz óptico (si dispone de uno) para interactuar con el dispositivo.

2) Accede a las aplicaciones mediante los iconos en la pantalla principal.

Conexión a wifi:

• Ve a «Configuración» > «Wifi».

• Selecciona la red deseada e introduce la contraseña.

Sincronización de datos:

• Sincroniza la PDA a un ordenador mediante conexión inalámbrica.

• Utiliza el *software* de sincronización proporcionado para transferir datos.

2. TPV (terminal punto de venta)

Los TPV son sistemas que facilitan la gestión de ventas, inventarios y operaciones comerciales en una tienda.

Instrucciones de uso:

Encender/apagar:

• Presiona el botón de encendido en la unidad principal.

• Para apagar, sigue el procedimiento de cierre de sesión y luego apaga el dispositivo.

Iniciar sesión:

- Introduce tu ID de usuario y contraseña en la pantalla de inicio de sesión.

Registrar ventas:

- Escanea el código de barras del producto o ingresa el código manualmente.

- Verifica el precio y confirma la venta.

- Selecciona el método de pago (efectivo, tarjeta, vales, etcétera).

Imprimir recibos:

- Tras confirmar la venta, el TPV imprimirá automáticamente un recibo.

- Entrega el recibo al cliente.

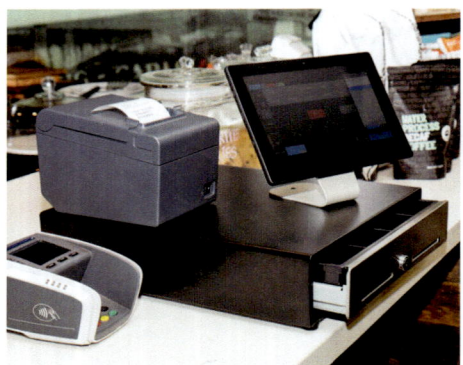 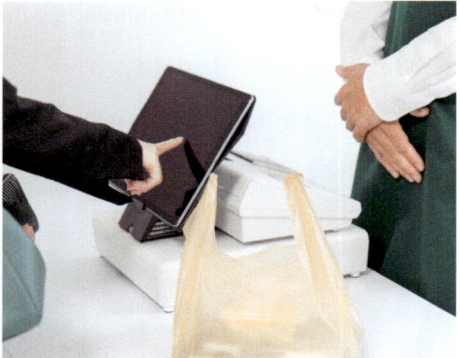

1. Terminal de punto de venta (TPV): dispositivo central que ejecuta el *software* de gestión de ventas.

2. Monitor táctil: pantalla para la interacción del usuario y visualización de información.

3. CPU (unidad central de procesamiento): procesa datos y ejecuta el *software* del TPV.

4. Teclado y ratón: periféricos para ingreso manual de datos y navegación.

5. Lector de códigos de barras: escanea productos para registro y gestión de inventario.

6. Impresora de recibos: imprime facturas simplificadas en formato tique para los clientes después de las transacciones, a modo de comprobante.

7. Datáfono: dispositivo para procesar pagos con tarjeta de crédito o débito.

3. Datáfonos

Los datáfonos son dispositivos utilizados para procesar pagos con tarjeta de crédito o débito.

Instrucciones de uso:

Encender/apagar:

- Presiona el botón de encendido hasta que el dispositivo se encienda.

- Mantén el botón de encendido para apagar el dispositivo.

Procesar pagos:

- Inserta, desliza o aproxima la tarjeta del cliente al datáfono.

- Ingresa el monto de la transacción y confirma.

- Solicita al cliente que introduzca su pin o firme si es necesario.

Imprimir recibos:

- El datáfono imprimirá automáticamente un recibo tras la transacción.

- Entrega el recibo al cliente y guarda la copia para los registros.

Conexión y sincronización:

- Asegúrate de que el datáfono esté conectado a internet (wifi o datos móviles).

- Sincroniza las transacciones según las instrucciones del proveedor de servicios.

4. Lectores ópticos de códigos de barras

Los lectores de códigos de barras se utilizan para escanear y registrar productos de manera rápida y eficiente.

Instrucciones de uso:

Conectar el dispositivo:

- Conecta el lector de códigos de barras al TPV o computadora mediante USB o *bluetooth*.

Escanear productos:

- Apunta el láser del lector al código de barras del producto.

- Presiona el botón de escaneo y asegúrate de que el código sea leído correctamente.

Verificar la lectura:

- Verifica en la pantalla del TPV o computadora que el producto escaneado se ha registrado correctamente.

Mantenimiento:

- Limpia regularmente el lector con un paño suave y seco para asegurar un rendimiento óptimo.

El **código de barras** consiste en un gráfico de barras y espacios paralelos que contiene un número único, codificando información esencial para identificar un artículo. Dispositivos ópticos leen esta información, la cual es procesada por un PC mediante tablas de datos maestros.

a. Mejora la eficiencia al transferir información del producto al sistema informático.

b. Asegura precisión en los datos, reduciendo errores.

c. Ofrece costos bajos en relación con sus beneficios productivos.

d. Optimiza el control de calidad y mejora el servicio al cliente a través de la TPV.

e. Permite expansiones conforme crece el negocio.

f. Eleva la competitividad del personal y la gestión comercial global.

g. Aplica en múltiples operaciones empresariales como compras, ventas, inventarios, almacenamiento, devoluciones, facturación y gestión de personal.

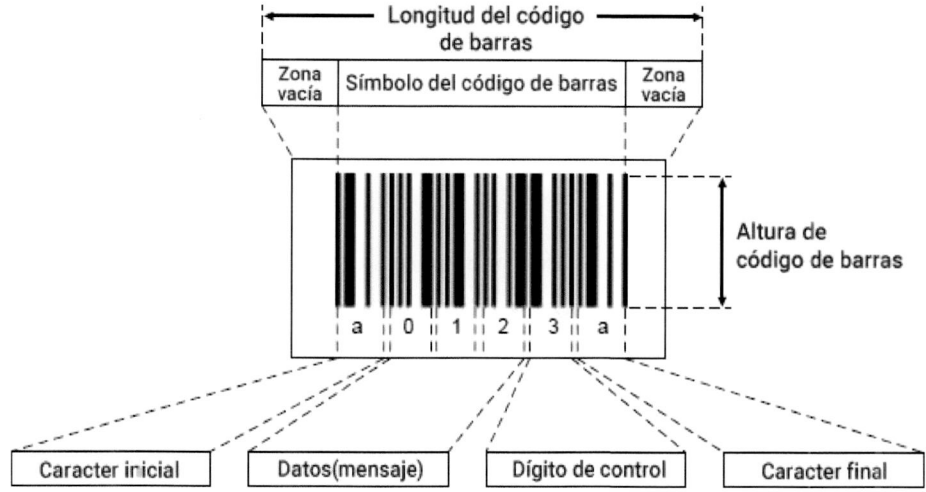

 SABER MÁS

La AECOC en España tiene la responsabilidad de distribuir los códigos de barras, facilitando así a las empresas la identificación única y eficiente de sus productos en el mercado. Este servicio asegura que cada producto tenga un código único reconocido internacionalmente, facilitando la gestión de inventarios, ventas y logística. La adopción de estos estándares promovidos por la AECOC ayuda a mejorar la eficiencia operativa y la competitividad de las empresas en el ámbito nacional e internacional.

5. Dispositivos con tecnología RFID/NFC

Los dispositivos RFID (*Radio-Frequency Identification*) y NFC (*Near Field Communication*) se utilizan para identificar y comunicar información de forma inalámbrica.

Instrucciones de uso:

Conectar el dispositivo:

- Asegúrate de que el lector RFID/NFC esté correctamente conectado al sistema TPV o computadora.

Escanear etiquetas RFID/NFC:

- Aproxima la etiqueta RFID/NFC al lector.
- Espera a que el dispositivo confirme la lectura.

Verificar la lectura:

- Comprueba en la pantalla del TPV o computadora que la información de la etiqueta se ha registrado correctamente.

Configurar el dispositivo:

- Utiliza el *software* proporcionado para ajustar configuraciones específicas y gestionar la base de datos de etiquetas.

Mantenimiento:

- Mantén el lector limpio y libre de obstrucciones para asegurar una lectura precisa.

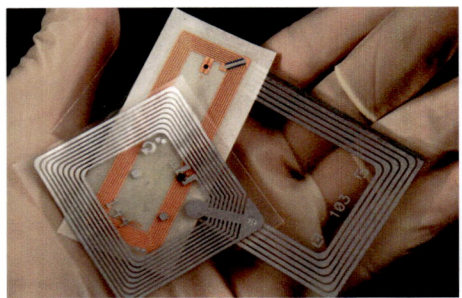 

En la imagen de la izquierda, etiquetas RFID; a la derecha, tecnología NFC *smartphone*.

Los **dispositivos con tecnología RFID**, como tarjetas o pulseras identificativas, tarjetas *contactless*, tarjetas de acceso, tarjetas inteligentes o *smart cards, token* de seguridad y similares, son utilizados para diversas funciones como acceso a edificios, gestiones bancarias y control de identificación, asistencia o tiempo de trabajo.

Estos dispositivos se consideran productos para usuarios finales, proporcionando funciones directas a los mismos.

Por lo tanto, todos estos equipos, independientemente del tipo de soporte utilizado, son considerados AEE (aparatos eléctricos y electrónicos) y están sujetos a la Directiva WEEE 2 y al Real Decreto RAEE (residuos de aparatos eléctricos y electrónicos).

Las etiquetas RFID se utilizan en sistemas antirrobo, control de inventarios, ventas, almacenes y trazabilidad. Ante la amplia gama de estos productos, hay que distinguir entre dos tipos principales:

1) **Etiquetas o elementos RFID reutilizables** pueden ser colocados y retirados fácilmente, siendo considerados AEE porque proporcionan una función directa al usuario final, como los dueños de tiendas en el caso de dispositivos antirrobo. Estos dispositivos, que requieren corriente eléctrica o campos electromagnéticos para funcionar correctamente, están sujetos a la Directiva WEEE 2 y al RD RAEE, al entrar en la categoría de residuos de aparatos eléctricos y electrónicos.

2) **Etiquetas RFID incorporadas dentro del producto**, integradas en él o permanentemente fijadas al producto, no son consideradas como AEE según los registros europeos de AEE. Los ejemplos incluyen etiquetas antirrobo con RFID cosidas a la ropa, etiquetas de productos comerciales con chip RFID para inventario o seguridad, y etiquetas RFID usadas para trazabilidad individual en productos eléctricos y electrónicos o sus residuos.

Test de autoevaluación

2.1. **¿Cuál es el objetivo principal de la Directiva sobre servicios de pago (DSP2)?**

a) Regular la venta de bienes de consumo en la UE.

b) Promover la competencia, innovación y seguridad en los pagos electrónicos.

c) Establecer normativas para la gestión de datos personales.

2.2. **¿Qué normativa regula específicamente la protección de datos personales en la UE?**

a) Reglamento general de protección de datos (RGPD).

b) Directiva sobre derechos de los consumidores.

c) Directiva sobre instrumentos de medida (MID).

2.3. **¿Qué busca la Directiva sobre prácticas comerciales desleales (UCPD)?**

a) Regular la competencia en el mercado único europeo.

b) Proteger a los consumidores contra prácticas engañosas y agresivas.

c) Establecer estándares para la medición de bienes y servicios.

2.4. **¿Qué derechos mínimos establece la Directiva sobre los derechos de los consumidores?**

a) Derechos de exportación de bienes y servicios.

b) Derechos de información precontractual, entrega y desistimiento.

c) Derechos de propiedad intelectual en transacciones comerciales.

2.5. **¿Qué normativa europea asegura la precisión y fiabilidad de los equipos de medición usados en transacciones comerciales?**

a) DSP2.

b) RGPD.

c) MID.

2.6. ¿Qué papel juega el marco legal europeo en el proceso de cobro de transacciones comerciales?

a) Garantizar la competencia justa en el mercado.

b) Asegurar la transparencia, seguridad y cumplimiento de regulaciones.

c) Fomentar la exportación de bienes y servicios.

2.7. ¿Cuál es uno de los requisitos introducidos por la DSP2 para mejorar la seguridad en los pagos electrónicos?

a) Protección de datos personales.

b) Autenticación reforzada del cliente (SCA).

c) Promoción de prácticas comerciales transparentes.

2.8. ¿Qué normativa regula las prácticas comerciales desleales en la UE?

a) DSP2.

b) UCPD.

c) RGPD.

2.9. ¿Cuál es el objetivo principal del RGPD en relación con los datos personales?

a) Regular la venta de bienes y servicios.

b) Promover la competencia en el mercado único.

c) Proteger los datos personales de los individuos.

2.10. ¿Por qué es importante la aplicación coherente de normativas como la DSP2 y el RGPD?

a) Para fortalecer la competitividad en el mercado único.

b) Para eliminar barreras al comercio transfronterizo.

c) Todas las anteriores.

2.11. ¿Cuál es la normativa comunitaria vigente sobre protección de datos personales en la UE?

a) Directiva sobre protección de datos en la era digital.

b) Reglamento general de protección de datos (RGPD).

c) Ley Orgánica 3/2018 de España.

2.12. ¿Qué derechos otorga el RGPD a las personas físicas en relación con sus datos personales?

a) Derecho a exportar datos a terceros países.

b) Derecho a la protección de datos, acceso, rectificación, supresión y oposición.

c) Derecho a la comercialización de datos personales.

2.13. ¿A quién se aplica el RGPD?

a) Únicamente a las organizaciones con sede en la UE.

b) A todas las organizaciones que traten datos personales de residentes en la UE, independientemente de la ubicación de la organización.

c) Solo a grandes empresas con más de 500 empleados.

2.14. ¿Cuál es uno de los principios básicos del tratamiento de datos personales según el RGPD?

a) Máxima rentabilidad en la gestión de datos.

b) Minimización de datos.

c) Acceso irrestricto a la información personal.

2.15. ¿Qué organismo es responsable de velar por el cumplimiento del RGPD en España?

a) AECOC.

b) Agencia Española de Protección de Datos (AEPD).

c) Ministerio de Asuntos Económicos y Transformación Digital.

2.16. ¿Qué derechos garantiza el artículo 8 de la Carta de los Derechos Fundamentales de la UE en relación con los datos personales?

a) Derecho a la venta de datos personales.

b) Derecho a la protección de datos y acceso a los mismos.

c) Derecho a la creación de perfiles sin consentimiento explícito.

2.17. ¿Qué obligación tienen las organizaciones según el RGPD en relación con el tratamiento de datos personales?

a) Obligación de exportar datos a terceros países.

b) Obligación de proteger los datos personales y garantizar su seguridad.

c) Obligación de comercializar datos personales.

2.18. **¿Qué entidad europea establece las normas para la protección de datos personales en el ámbito penal?**

a) GDPR.

b) Comisión Europea.

c) Directiva sobre protección de datos en el ámbito penal.

2.19. **¿Qué se reconoce desde el Tratado de Lisboa como un derecho fundamental en la UE?**

a) Derecho a la libre circulación de datos personales.

b) Derecho a la protección de datos personales.

c) Derecho a la comercialización de datos personales.

2.20. **¿Cuál es uno de los desafíos actuales en la protección de datos personales según el texto?**

a) Reducción de la digitalización de datos.

b) Aumento del volumen y la globalización de datos personales.

c) Establecimiento de barreras comerciales en la UE.

3. Atención al cliente en el servicio de cobro de productos

Contenido

La atención al cliente en el servicio de cobro de productos es una pieza para garantizar la satisfacción del cliente y mantener una buena relación comercial. A continuación, se citan algunas prácticas recomendadas que apuntan hacia un servicio de atención al cliente efectivo en el proceso de cobro de productos:

a) Claridad en la información: asegúrate de que los clientes tengan información clara sobre sus costes de compra y el proceso de cobro. Evita sorpresas desagradables proporcionando detalles sobre impuestos, tarifas de envío y cualquier otro cargo adicional.

b) Facilidad de pago: proporciona opciones de pago variadas y asegúrate de que el proceso sea fácil y seguro. La simplicidad en el proceso de pago puede mejorar la experiencia del cliente y reducir la posibilidad de errores.

c) Asistencia en tiempo real: ofrece canales de comunicación en tiempo real, como chat en vivo, mensajería instantánea o líneas telefónicas, para que los clientes puedan obtener ayuda inmediata en caso de problemas durante el proceso de pago.

d) Políticas de devolución y reembolso transparentes: asegúrate de que los clientes estén al tanto de las políticas de devolución y reembolso. La limpidez en este aspecto genera confianza y reduce la ansiedad del cliente.

e) Capacitación del personal: estar bien informados sobre los productos, procesos de pago y políticas de la empresa. Un equipo bien capacitado puede abordar de manera efectiva las consultas y problemas de los clientes.

f) Automatización y tecnología: utiliza herramientas tecnológicas para automatizar procesos cuando sea posible. Agiliza el proceso de pago y reducir los errores humanos.

g) Retroalimentación del cliente: pide *feedback* a tus clientes sobre su experiencia en el proceso de pago. Utiliza esta información para mejorar continuamente tus servicios.

h) Seguridad de la información: garantiza la seguridad de la información del cliente durante el proceso de pago. Los clientes deben sentirse seguros al proporcionar detalles de tarjetas de crédito u otra información personal.

i) Comunicación proactiva: informa a los clientes sobre cualquier problema potencial con sus pagos antes de que se conviertan en problemas más grandes. La comunicación proactiva puede prevenir malentendidos y frustraciones.

j) Resolución rápida de problemas: en caso de problemas, trabaja para resolverlos de manera rápida y eficiente. Un servicio al cliente eficaz en la resolución de problemas puede convertir una experiencia negativa en una positiva.

Pago: acción de entregar dinero o su equivalente para saldar una deuda o adquirir un bien o servicio.

Cobro: proceso de recibir dinero como retribución por un bien o servicio proporcionado.

Pendiente de cobro: monto de dinero que aún no ha sido recibido por un bien o servicio ya entregado o prestado.

Operación de compraventa empresa-consumidor: transacción en la que una empresa vende un bien o servicio a un consumidor final, intercambiando el producto o servicio por dinero.

Falta de pago al momento de la entrega	Errores en el monto cobrado	Problemas técnicos con métodos de pago

Entregas fallidas o pedidos erróneos	Retrasos en la entrega

Principales situaciones a las que suele enfrentarse atención al cliente durante los procesos de cobro con entrega domiciliaria.

¿Cómo lo resolverías?

¿Qué otras soluciones pondrías en práctica?

Supongamos que la dependienta de un comercio de venta de alimentos para mascotas que realiza entregas a domicilio se ha equivocado en el precio de varios artículos vendidos a un cliente por teléfono.

En este caso, la dependienta debería seguir un proceso para rectificar la situación de manera ética y profesional. Primero, debería disculparse con el cliente por el error y explicar la equivocación en los precios.

A continuación, la dependienta debería ofrecer al cliente las opciones disponibles, como corregir la factura, aplicar un descuento compensatorio o ajustar el importe en la siguiente compra. La transparencia y la buena comunicación son clave en estas situaciones para mantener la confianza del cliente.

Además, la dependienta debería informar al supervisor o responsable del error para que se tomen medidas preventivas y se evite que situaciones similares se repitan en el futuro.

Consejos rápidos para mejorar la experiencia del cliente en los cobros

1) Adopte un enfoque centrado en el cliente: coloque a los clientes en el centro de su estrategia, integrando cada etapa del recorrido del cliente, desde la adquisición hasta el cobro.

2) Mantenga a los clientes informados: comuníquese con los clientes antes de que entren en el ciclo de cobros, ayudándoles a gestionar su dinero de manera más eficaz y añadiendo valor a su experiencia.

3) Utilice canales de comunicación modernos: recopile las preferencias de los clientes a través de correo electrónico y SMS, y emplee *software* de cobro de deudas basado en IA para analizar datos y determinar el mejor momento para contactarlos, identificando posibles causas de retrasos en los pagos. Esto permite personalizar la comunicación y ofrecer incentivos adecuados.

4) Sea claro con los términos y condiciones: asegúrese de que su equipo de ventas explique claramente las condiciones de pago desde el principio, evitando fricciones y retrasos en el proceso de cobro.

5) Ofrezca soluciones de autoservicio: proporcione a los clientes acceso a una plataforma de autoservicio, permitiéndoles realizar pagos de manera rápida y bajo sus propios términos, dándoles mayor control y comodidad.

 SABER MÁS

Existen en el mercado funcionalidades para crear formularios de contacto y ventas para compartir en el catálogo de productos y a través de mensajes instantáneos de WhatsApp Business. **WhatsForm**

La **estrategia de la rueda de volante** en la atención al cliente durante los procesos de cobro se preocupa de colocar al cliente en el centro de todas las acciones y decisiones relacionadas con el cobro.

Tratar de integrar cada etapa del proceso de cobro con un enfoque continuo en mejorar la forma de interactuar con el cliente.

Desde la adquisición inicial hasta el cobro final, se busca mantener una comunicación clara y proactiva con el cliente, manteniéndolo informado y facilitándole herramientas para gestionar sus pagos de manera efectiva.

Además, se utilizan datos y análisis avanzados para personalizar la comunicación, entender mejor las necesidades del cliente y anticiparse a posibles problemas en el proceso de cobro.

Es una estrategia de la rueda de volante centrada en la fidelización del cliente a lo largo de todo el ciclo de servicio, diferenciándote y superando a tu competencia.

Imagina una charcutería que realiza entregas a domicilio y utiliza WhatsApp Business para gestionar pedidos y entregas, una estrategia de rueda de volante podría incluir los siguientes aspectos:

- Personalización en la interacción: utilizar WhatsApp Business para mantener una comunicación personalizada con los clientes. Por ejemplo, enviar mensajes automáticos de confirmación de pedidos y recordatorios de entregas, adaptados al horario y preferencias del cliente.

- Transparencia en los procesos: informar a los clientes sobre el estado de su pedido y la hora estimada de entrega mediante actualizaciones regulares a través de WhatsApp. Esto crea confianza y reduce la incertidumbre del cliente.

- Facilitación de pagos: ofrecer opciones de pago sencillas y seguras directamente a través de WhatsApp, utilizando enlaces de pago o integraciones con plataformas de pago móvil. Facilita el proceso de cobro y la comunicación comercial con el cliente.

- *Feedback* y mejora continua: solicitar *feedback* a los clientes después de cada entrega a través de encuestas rápidas en WhatsApp. Utilizar estos comentarios para ajustar y mejorar los servicios de entrega y atención al cliente.

- Promociones y ofertas especiales: enviar ofertas exclusivas y promociones especiales a través de WhatsApp para clientes frecuentes o en fechas especiales. Esto no solo aumenta la lealtad del cliente, sino que también puede incentivar compras adicionales.

- Automatización y eficiencia: utilizar herramientas de automatización dentro de WhatsApp Business para agilizar procesos como la gestión de inventario, la generación de etiquetas de envío y la programación de entregas. Permite a la charcutería optimizar recursos y mejorar la eficiencia operativa.

3.1. Las normas de cortesía

Un profesional ligado a la venta directa o a la atención al cliente debe ser cortés, es decir, mostrar interés y empatía por las inquietudes del cliente, y que se esfuerce por ofrecer un servicio de calidad, buscando su agrado y solucionando sus problemas, cumpliendo sus expectativas.

Las **principales normas de cortesía** en tres momentos son:

3.1.1. Cuando se atiende o se vende directamente a un cliente en el establecimiento

- Saludar al cliente de forma amable.
- Ofrecer ayuda al cliente y responder a sus preguntas de forma clara y concisa.
- Ser paciente y comprensivo con las necesidades del cliente.
- Mostrar interés en el cliente y sus necesidades.
- Aportar toda la información de forma clara y concisa, sin ambigüedad.
- Agradecer al cliente su compra.

3.1.2. Cuando se atiende o se vende por teléfono

- Presentarse de forma clara e identificarse con la empresa.
- Ser amable y educado en todo momento.
- Escuchar atentamente al cliente y sus necesidades.
- Responder a las preguntas del cliente de forma clara y concisa.
- Ser proactivo y ofrecer soluciones a las necesidades del cliente.
- Cerrar la venta de forma amable y profesional, es decir, dando garantías y seguridad de los siguientes procesos que completan la venta o el servicio.

3.1.3. Cuando se realiza atención al cliente por dudas, consultas o reclamaciones

- Saludar al cliente de forma profesional.
- Identificar el problema o consulta del cliente y ofrecer ayuda.
- Escuchar atentamente al cliente y sus argumentos.
- Ofrecer una solución al problema o consulta del cliente de forma clara y concisa.
- Ser paciente y comprensivo con las reacciones educadas del cliente.
- Ofrecer disculpas por los inconvenientes causados.
- Recordar el procedimiento de resolución.

> *El respeto por nosotros mismos guía nuestro comportamiento; el respeto por los demás, guía nuestras acciones.*
>
> Laurence Sterne (1713-1768)

Cuando somos corteses con nuestros clientes, creamos un ambiente de confianza y respeto mutuo que fortalece la relación comercial. La cortesía no solo implica manejar transacciones con amabilidad y profesionalismo, sino también escuchar activamente las necesidades del cliente y responder con prontitud y claridad. Esta actitud considerada hace que los clientes se sientan valorados y comprendidos.

Además, la cortesía en la atención al cliente tiene un impacto positivo en la percepción de la calidad del servicio. Los clientes son más propensos a recomendar y volver a nuestra empresa si experimentan un trato cortés y respetuoso. Impulsa el crecimiento de nuestro negocio y refuerza nuestra reputación como proveedores de excelencia en el servicio al cliente.

Las normas de cortesía exigen preparación individual y convertirlas en una estrategia de comunicación y venta.

3.2. Los tratos protocolarios más habituales en las relaciones personales

Siguiendo estos consejos, se podrán generar relaciones interpersonales positivas con los clientes y mejorar la experiencia de compra o servicio.

PROTOCOLO

Saludar al cliente de forma amable y cordial.

Presentarse, si es necesario.

Utilizar un lenguaje respetuoso y formal.

Mostrar interés en las necesidades del cliente.

Atender al cliente de forma rápida y eficiente.

Resolver las dudas o problemas del cliente de forma satisfactoria.

Despedirse del cliente de forma amable y agradeciéndole su visita.

OBJETIVOS

Crear una buena impresión y generar confianza en el cliente.

Mostrar que el cliente es importante y que sus necesidades son atendidas.

Facilitar la interacción entre el cliente y el proveedor de servicios.

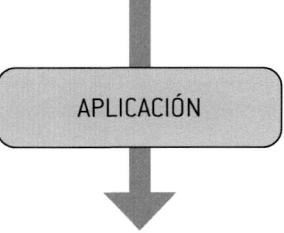

APLICACIÓN

Ser educado y amable en todo momento.

Escuchar atentamente al cliente y atender sus necesidades.

Ser puntual y cumplir con los plazos acordados.

Ser honesto y transparente en todas las comunicaciones.

Resolver los problemas y quejas del cliente de forma satisfactoria.

En el ámbito empresarial, los tratos protocolarios suelen ser más o menos formales dependiendo del contexto y del ámbito de la actividad económica.

Tipos de relaciones que se establecen con los clientes

- Relación personal: vínculo emocional y afectivo entre individuos basado en la confianza mutua y la conexión personal.

- Relación interpersonal: interacción entre dos o más personas que involucra comunicación, intercambio de emociones y construcción de conexiones sociales.

- Relación contractual: acuerdo formal entre partes que establece derechos y obligaciones específicas, generalmente enfocado en términos legales y comerciales.

- Relación comercial: vínculo profesional entre empresas, organizaciones o individuos que implica transacciones económicas y colaboración para alcanzar objetivos comerciales mutuos.

 IMPORTANTE

La **psicología de ventas** estudia el comportamiento humano en el contexto de las transacciones comerciales, analizando cómo influyen las percepciones, emociones y decisiones en el proceso de venta.

Las cuatro áreas fundamentales de trabajo en la psicología de ventas son:

Comportamiento del consumidor: estudio de cómo los clientes toman decisiones de compra, qué factores influyen y cómo se puede influir en esas decisiones.

Técnicas de persuasión: métodos para influir en las actitudes y comportamientos del cliente, utilizando principios psicológicos como la persuasión, la influencia social y la negociación.

Motivación y satisfacción del cliente: investigación de los factores motivacionales que impulsan a los clientes a comprar y cómo satisfacer sus necesidades para fomentar la lealtad.

Gestión de relaciones con clientes: estrategias para establecer y mantener relaciones positivas y duraderas con los clientes, centrándose en la construcción de confianza y la satisfacción del cliente.

3.3. Tipología de clientes: identificación de las técnicas de comunicación más adecuadas a los diferentes tipos de clientes

Los clientes por conveniencia, por necesidad y por impulso son los segmentos más comunes en este sector. Los clientes cautivos y leales son menos frecuentes, pero son los que generan más ingresos y beneficios para las empresas. Los clientes prescriptores son los más valiosos, ya que pueden ayudar a atraer nuevos clientes a la empresa. Los clientes infieles son los que más preocupan a las empresas, ya que representan una pérdida de ingresos y beneficios. Por supuesto, estas son solo algunas pautas generales. La elección de las técnicas de comunicación más adecuadas dependerá de las características específicas de cada empresa y de su público objetivo.

Segmento de clientes	Características	Técnicas de comunicación
Clientes por conveniencia	Buscan comodidad y rapidez.	Información clara y concisa sobre los servicios y tarifas. Confirmación de entrega o recogida inmediata.
Clientes por necesidad	Tienen una necesidad urgente de recibir un producto o servicio.	Comunicación inmediata y personalizada. Ofrecimiento de soluciones flexibles.
Clientes por impulso	Realizan compras de forma espontánea, sin planificarlas previamente.	Comunicación atractiva y llamativa. Ofrecimiento de productos o servicios novedosos o de última tendencia.
Clientes cautivos	No tienen otra opción que utilizar el servicio, ya sea por falta de alternativas o por motivos geográficos.	Comunicación enfocada en el servicio y la atención al cliente. Ofrecimiento de soluciones personalizadas.
Clientes leales	Han tenido una buena experiencia con el servicio y lo utilizan con frecuencia.	Comunicación personalizada y de valor añadido. Invitaciones a eventos o promociones especiales.
Clientes prescriptores	Están satisfechos con el servicio y lo recomiendan a otros.	Comunicación centrada en la experiencia del cliente. Ofrecimiento de incentivos para la recomendación.
Clientes infieles	Han abandonado el servicio por alguna razón.	Comunicación enfocada en la recuperación del cliente. Ofrecimiento de ofertas o promociones especiales.

A continuación, se ofrecen algunos consejos específicos para cada segmento de clientes:

a) **Clientes por conveniencia:**
  - Destacar los beneficios de la comodidad y la rapidez.
  - Ofrecer opciones de entrega o recogida flexibles.
  - Utilizar un lenguaje sencillo y directo.

b) **Clientes por necesidad:**
  - Ofrecer soluciones urgentes y personalizadas.
  - Ser flexibles en los horarios y condiciones de entrega o recogida.
  - Garantizar la satisfacción del cliente.

c) **Clientes por impulso:**
  - Utilizar imágenes y vídeos llamativos.
  - Ofrecer productos o servicios novedosos o de última tendencia.
  - Destacar los beneficios emocionales de la compra.

d) **Clientes cautivos:**
  - Garantizar un servicio de calidad y un buen nivel de atención al cliente.
  - Ofrecer soluciones personalizadas para satisfacer las necesidades específicas del cliente.
  - Mantener una comunicación fluida con el cliente.

e) **Clientes leales:**
  - Ofrecer productos o servicios exclusivos o de valor añadido.
  - Invitar al cliente a participar en eventos o promociones especiales.
  - Hacer sentir al cliente valorado y apreciado.

f) **Clientes prescriptores:**
  - Recoger *feedback* del cliente para mejorar el servicio.
  - Ofrecer incentivos para la recomendación, como descuentos o regalos.
  - Destacar los beneficios de la recomendación en la comunicación con el cliente.

g) **Clientes infieles:**
  - Identificar las razones de la infidelidad del cliente.
  - Ofrecer soluciones para recuperar al cliente.
  - Comunicar al cliente el interés de la empresa por recuperarlo.

IMPORTANTE

Siguiendo estos consejos, las empresas pueden mejorar su comunicación con los clientes y aumentar las posibilidades de repetición de compra. El buen servicio, la calidad de los productos y los precios competitivos requieren a su vez de fortalecer las relaciones de confianza.

3.3.1. Fidelización y comunicación efectiva con los clientes

El *marketing* entiende que la comunicación efectiva es una herramienta fundamental para la fidelización del cliente. Una buena comunicación ayuda a crear relaciones positivas y duraderas, lo que a su vez conduce a una mayor lealtad.

Se entiende la relación entre fidelización del cliente y la comunicación efectiva más adecuada como un círculo virtuoso. Una buena comunicación con los clientes ayuda a crear una relación positiva con ellos, lo que a su vez conduce a una mayor satisfacción. Por otro lado, la lealtad de los clientes facilita la comunicación con ellos, ya que están más dispuestos a escuchar y responder a las comunicaciones de la empresa.

En concreto, el *marketing* identifica dos principales beneficios de la comunicación efectiva para la fidelización del cliente:

1) Mejora la satisfacción del cliente: cuando los clientes se sienten escuchados y comprendidos, es más probable que estén satisfechos con el producto o servicio que reciben. Esto se debe a que la comunicación efectiva ayuda a las empresas a identificar las necesidades y expectativas de los clientes, y a satisfacerlas de manera adecuada.

2) Fortalece la relación con el cliente: la comunicación efectiva ayuda a crear una relación positiva y duradera entre la empresa y el cliente. Esto se debe a que la comunicación efectiva demuestra a los clientes que la empresa se preocupa por ellos y que está comprometida con su satisfacción.

Para que la comunicación efectiva fortalezca la fidelización del cliente, es importante que sea:

• Personalizada: la comunicación debe estar adaptada a las necesidades y preferencias específicas de cada cliente. Esto se puede lograr segmentando la audiencia y utilizando mensajes personalizados.

- Consistente: la comunicación debe ser coherente a lo largo del tiempo y en todos los canales. Esto ayuda a los clientes a conocer mejor la empresa, sus valores y sus procedimientos (calidad de servicio).

- Transparente: la comunicación debe ser honesta y diáfana. Ayuda a los clientes a confiar en la empresa y sus productos o servicios.

Implementar un **programa de puntos** de esta manera **fomenta la fidelización de clientes** e impulsa las ventas repetidas, fortaleciendo la relación con los clientes existentes.

1) Programa de puntos o recompensas: un sistema donde los clientes acumulan puntos por cada compra o entrega realizada. Por ejemplo, podrías establecer que, por cada pedido entregado, el cliente acumula un punto.

   Ejemplo: Supongamos que un cliente realiza 10 pedidos durante un mes. Según el programa, acumula 10 puntos que canjeará por productos.

2) Beneficios por puntos: ofrecer beneficios atractivos que los clientes puedan canjear con sus puntos acumulados. Por ejemplo, podrías ofrecer un descuento del 5 % en la próxima compra por cada 10 puntos acumulados.

   Ejemplo: Si el cliente acumula 10 puntos, puede canjearlos por un descuento del 5 % en su próxima compra de 100 €. El descuento sería de 5 €.

3) Comunicación y promoción: promocionar el programa de puntos a través de diferentes canales para informar a los clientes sobre cómo pueden participar y qué beneficios pueden obtener.

   Ejemplo: Publicar en redes sociales y enviar correos electrónicos a los clientes existentes explicando el programa de puntos y los beneficios asociados. Anunciar que cada pedido realizado suma puntos que se pueden canjear por descuentos exclusivos.

4) Eventos especiales o promociones exclusivas: organizar eventos o promociones exclusivas para los miembros del programa de puntos para fomentar la participación y la fidelidad.

   Ejemplo: Realizar una promoción especial donde los clientes que acumulen más de 20 puntos durante un mes participen en un sorteo para ganar un producto de alto valor. Esto incentiva a los clientes a realizar más pedidos y acumular más puntos. Productos de alto valor podrían ser cestas de productos *gourmet*, selectos o artesanales.

ACTIVIDAD DE AULA

Idea un programa de puntos en el ámbito de la entrega domiciliaria de productos de consumo masivo.

Imagina una charcutería que, para fomentar los pedidos de entrega domiciliaria, desarrolla un programa de puntos.

Condiciones del programa:

SORTEO DE UNA CESTA DE PRODUCTOS SELECTOS

- 1 botella de vino 1 litro – RESERVA.
- 1 lomo ibérico – Pieza entera de 0,5 kg.
- 1 tabla de chorizo y salchichón ibérico – 0,500 kg.
- Cuña de queso 0,500 kg – Denominación Queso Manchego.

Para participar en el sorteo se deben acumular 90 puntos.

Por una compra superior a 30 €, se reciben 5 puntos.

Por una compra superior a 50 €, se reciben 10 puntos.

Los gastos de transporte se mantienen (3 €/pedido)

El margen de beneficio por cada 100 € vendidos es del 12 %, es decir, 12 euros.

El coste de la cesta será de 40 € (35 € en productos y 5 € en la cesta y material de empaquetado)

Los clientes necesitarían realizar un total de 18 compras de más de 30 € y 9 compras de más de 50 € para acumular los 90 puntos necesarios y participar en el sorteo de a cesta de productos selectos.

El negocio necesitaría generar ventas > 333,33 € para cubrir el coste de la cesta mediante el margen de beneficio establecido del 12 %.

3.4. Elementos de la comunicación

La palabra *comunicación* tiene sus raíces en el latín, derivada del término *communicare*, cuyo significado radica en 'poner en común y compartir'.

Es innegable que la comunicación constituye un aspecto fundamental en la naturaleza humana, ya que nuestra esencia social nos impulsa a expresarnos y establecer conexiones con los demás.

La comunicación se desenvuelve como un intercambio bidireccional, donde dos o más individuos comparten ideas, información, opiniones y emociones a través de diversas formas de lenguaje.

En el ámbito de las ventas, la comunicación desempeña un papel crucial, siendo el escenario que define la relación entre el vendedor y el comprador.

A través de este proceso, se transmite la información adecuada desde el inicio hasta el cierre de la venta.

Diversos elementos componen el proceso de comunicación, y es esencial la participación de cada uno de ellos para que la comunicación se lleve a cabo de manera efectiva. En el intercambio de información entre emisores y receptores, se hace uso de un código compartido para facilitar la comprensión mutua.

A continuación, vemos los **elementos de la comunicación**:

1. Emisor: es quien emite el mensaje

   Puede ser una persona, una organización o una tecnología supletoria. Se convierte en la fuente que genera el mensaje que se comunica.

   El emisor decide el mejor canal posible que considera para transmitir su información. Si quiere que la comunicación tenga éxito, debe utilizar un código que el receptor entienda por el mismo canal elegido. De lo contrario, no se producirá comunicación.

2. Receptor: es quien recibe el mensaje

   Es la figura que, además de recibir el mensaje, tiene que interpretarlo. Cuando lo descodifica, el receptor se encuentra en condiciones de convertirse en un nuevo emisor dentro del mismo canal y contexto.

3. Código: es el conjunto de signos y señales que estructuran el mensaje

   Los signos pueden ser lingüísticos (verbales) y paralingüísticos (no verbales).

   Los signos lingüísticos son los que componen una lengua con la voz y la palabra.

   Los signos paralingüísticos serían todos los demás que generen comunicación sin mediación de la voz o la palabra.

   Aunque existen signos sin intención comunicativa (son indicios) como la huella de un animal o el humo de un fuego, nos interesan aquellos con intención comunicativa.

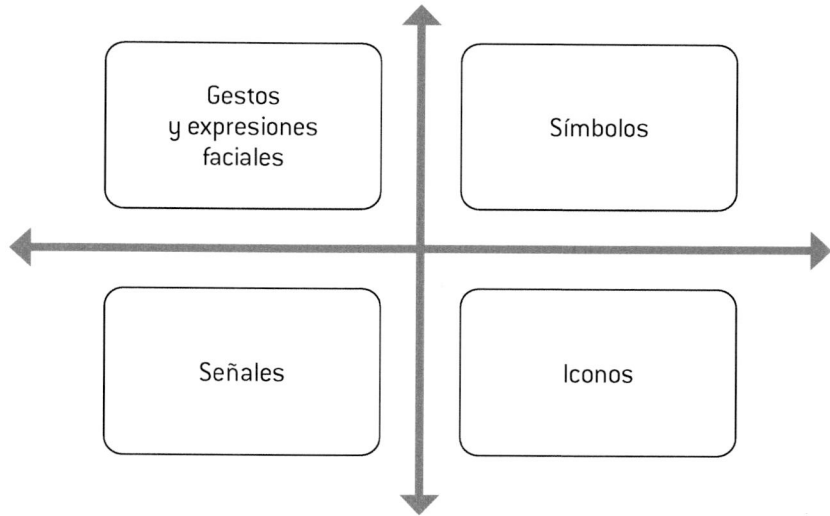

Gestos y expresiones faciales:

- Afirmativos: como el pulgar hacia arriba.

- Negativos: como fruncir el ceño.

- Ilustrativos: gestos que acompañan la narración.

- Adaptativos: respuestas automáticas, como sonreír al saludar.

Símbolos:

- Alfabéticos: letras y caracteres.

- Numéricos: números y signos matemáticos.

- Iconográficos: representaciones visuales, como emojis.

- Científicos: símbolos utilizados en disciplinas específicas.

Señales:

- De tráfico: indicaciones viales en carreteras.

- De seguridad: alarmas y luces de emergencia.

- Manuales: instrucciones visuales para operar dispositivos.

- Ambientales: cambios en el entorno que transmiten información.

Iconos:

- De aplicaciones: representaciones visuales de programas.
- De usuario: avatares y perfiles en línea.
- De acción: iconos que denotan funciones específicas.
- De estado: indicadores visuales de condiciones, como batería baja.

 IMPORTANTE

Un símbolo y un signo son entidades semióticas, pero tienen diferencias sutiles. El signo expresa una información que tiene relación con su representación visual. Sin embargo, el símbolo expresa una información cuya representación visual no tiene nada que ver con el mensaje que está comunicando, se interpreta.

4. Mensaje: es la información que se transmite, el cual tiene un referente que es su contenido

Al ser el elemento que contiene la información, en él se están queriendo transmitir ideas y conceptos.

Cuando un mensaje no es verbal, es muy importante la estrategia visual del mensaje. Según los casos existen normas, estandarizaciones y reglas para practicar el diseño y reproducción de determinados signos paralingüísticos, como los pictogramas de seguridad o las señales de evacuación.

5. Canal de comunicación: es el medio por el cual se transfiere el mensaje

Cara a cara (presencial)	Desarrollo de relaciones personales
	Uso de lenguaje no verbal para enfatizar mensajes
	Adaptación al estilo y tono del cliente
	Demostraciones de productos o servicios en tiempo real
Telefónico	Habilidades vocales persuasivas
	Escucha activa para comprender las necesidades del cliente
	Uso de guiones de ventas efectivos
	Manejo de objeciones de manera proactiva
Correo electrónico	Uso de líneas de asunto atractivas
	Personalización del mensaje según el perfil del cliente
	Incorporación de llamadas a la acción (CTA)
	Seguimiento a través de recordatorios y novedades

Redes sociales	Publicación de contenido relevante y atractivo
	Interacción y participación activa con seguidores
	Uso de mensajes directos para atención personalizada
	Estrategias de *storytelling* para conectar con la audiencia
Plataformas en línea	Creación de contenido educativo (*webinars*, tutoriales)
	Uso de chat en vivo para responder preguntas en tiempo real
	Implementación de herramientas de análisis de datos
	Personalización de ofertas basada en el comportamiento *online*
	Facilitación de procesos de compra en línea

CARA A CARA
Captar señales no verbales para ajustar la estrategia de venta

▼

ATENCIÓN TELEFÓNICA
Seguimiento posllamada para mantener el interés del cliente

▼

CORREO ELECTRÓNICO
Ofrecer recordatorios y novedades

▼

REDES SOCIALES
Inclusión de testimonios o casos de éxito

▼

PLATAFORMAS EN LÍNEA
Anuncios específicos dirigidos a segmentos de audiencia

Esta tabla y su diagrama, proporciona una visión general de los principales canales de comunicación y las técnicas de venta asociadas con cada uno de ellos. Cabe destacar que las estrategias específicas pueden variar según la actividad económica y el público objetivo.

6. Contexto: es el conjunto de condiciones en las que se produce la transmisión del mensaje

   La comunicación se produce porque le acompaña y rodea una determinada situación que influye en su interpretación. El contexto suele diferenciarse como:

   a) Extralingüístico: las circunstancias espaciotemporales que envuelven el proceso.

   b) Lingüístico: el uso de los signos o, dicho de otro modo, nuestra forma de expresarnos y de utilizar el lenguaje.

7. Ruido: son las interferencias del proceso de comunicación

   El ruido en la venta de servicios domiciliarios puede afectar la comunicación entre el vendedor y el cliente. Genera desconfianza, pérdida de clientes y disminución de las ventas. Para minimizar el ruido, las empresas deben implementar procesos y sistemas de venta eficientes, capacitar a sus vendedores y realizar pruebas de *marketing* y publicidad.

   Ejemplos específicos de ruido en la venta de servicios domiciliarios son:

   - Llamadas telefónicas interrumpidas o con mala calidad de sonido.
   - Correos electrónicos con errores de redacción o gramática.
   - Demostraciones presenciales con distracciones ambientales o interrupciones.
   - Respuestas tardías a consultas o comentarios en redes sociales.
   - Plataformas de venta en línea con problemas de usabilidad o errores técnicos.
   - Publicidad contradictoria o confusa.
   - Mensajes telefónicos con lenguaje técnico o poco claro.
   - Errores en plataformas de compra en línea.

8. Retroalimentación: la componen las respuestas que el receptor da cuando ha recibido e interpretado el mensaje

   Sin retroalimentación el emisor no sería consciente de si su mensaje se ha entendido y se ha comprendido.

9. Referente: es el concepto o idea a la que hace referencia el mensaje

   Es el aspecto del mundo real o conceptual al cual se refiere el emisor al comunicarse.

   El referente es fundamental para que el mensaje tenga significado, ya que proporciona el contexto o la base sobre la cual se construye el mensaje.

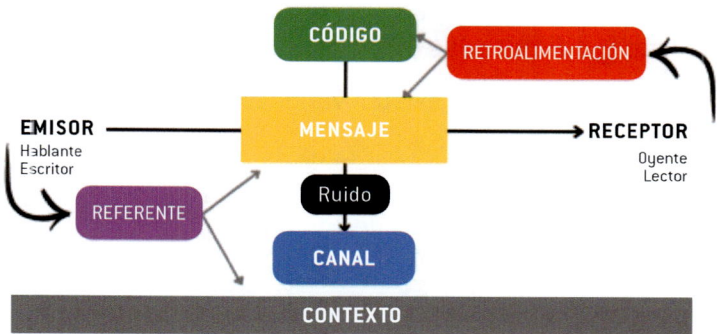

Elementos de la comunicación.

 ACTIVIDAD DE AULA

Un cliente llama a una tienda de frutas y verduras reclamando un pedido que no se ha entregado por la mañana y son las 17:00 de la tarde.

- Cliente: (*Al teléfono, con tono preocupado.*) Buenas tardes, llamaba porque aún no he recibido mi pedido de frutas y verduras que debía llegar esta mañana.

- Dependienta: (*Con empatía.*) Buenas tardes, lamento mucho la situación. Déjeme verificar rápidamente en nuestro sistema qué ha sucedido con su pedido.

- Cliente: (Agradecido.) Gracias, es que ya es tarde y lo necesito para preparar la cena.

- Dependienta: (*Proactiva.*) Entiendo la urgencia. Parece que hubo un problema logístico esta mañana que retrasó algunas entregas. Le propongo enviarle su pedido de inmediato y disculparnos con un descuento en su próxima compra como compensación por las molestias.

- Cliente: (*Aliviado.*) Eso sería perfecto, muchas gracias por ocuparse tan rápido del problema.

- Dependienta: (*Finalizando.*) En unos minutos saldrá su pedido y recibirá una confirmación por correo electrónico. Lamentamos nuevamente las molestias y agradecemos su comprensión.

- Cliente: (*Satisfecho.*) Gracias a usted por la atención.

Identifica los elementos de la comunicación en este diálogo de atención al cliente:

Emisor	Canal de comunicación
Receptor	Contexto
Código	Ruido
Mensaje	Retroalimentación
	Referente

3.5. Principios básicos en las comunicaciones orales: barreras y dificultadas

En las comunicaciones orales, existen varios elementos básicos para lograr una interacción efectiva.

Sin embargo, también pueden surgir barreras y dificultades obstaculizando la comprensión y la transmisión fluida de información.

3.5.1. Principios elementales

Claridad y concisión:

- Expresar ideas de manera clara y sin ambigüedades.
- Evitar el uso de jerga o términos técnicos innecesarios.

Escucha activa:

- Prestar atención completa al interlocutor.
- Confirmar la comprensión mediante preguntas o resúmenes.

Feedback:

- Proporcionar retroalimentación para asegurar la comprensión mutua.
- Asegurarse de que el mensaje haya sido recibido correctamente.

Respeto y empatía:

- Mantener un tono respetuoso y amigable.
- Considerar las perspectivas y emociones del interlocutor.

Estructura y organización:

- Organizar la información de manera lógica y coherente.
- Utilizar una estructura clara en la presentación de ideas.

Uso adecuado del lenguaje:

- Adaptar el lenguaje al público objetivo.
- Evitar jerga o términos que puedan causar confusión.

3.5.2. Barreras y dificultades en las comunicaciones orales

Idioma:

- Diferencias lingüísticas: si los empleados y los consumidores no comparten un idioma común, la comunicación puede ser difícil y propensa a malentendidos.

- Uso de jerga o términos técnicos: los empleados pueden usar jerga específica cel servicio que los consumidores no entienden.

Ruido ambiental:

- Interrupciones externas que dificultan la audición.
- Ruido físico o distracciones en el entorno.

Falta de atención:

- Desinterés del receptor.
- Distracciones personales que afectan la concentración.

Diferencias culturales y lingüísticas:

- Malentendidos debido a diferencias en el idioma o la cultura.
- Uso de expresiones que pueden no ser comprendidas por todos.

Problemas de pronunciación y dicción:

- Dificultades en la pronunciación de palabras.
- Hablar demasiado rápido o demasiado lento.

Falta de claridad en la expresión:

- Uso de palabras vagas o ambiguas.
- Falta de estructura en la presentación de ideas.

Barreras emocionales:

- Prejuicios, estereotipos o emociones negativas.
- Falta de empatía hacia el interlocutor.

Tecnología:

- Problemas técnicos en herramientas de comunicación (por ejemplo, mala calidad de audio en llamadas virtuales).
- Fallos en dispositivos o plataformas utilizadas.

Falta de retroalimentación:

- La ausencia de *feedback* puede llevar a malentendidos.
- No verificar la comprensión del receptor.

Expresarse con tensión o enojo	Demostrar orgullo	No prestar atensión, no escuchar
Dar por supuesto	Conversar en tiempos y momentos inadecuados	Precipitar mensajes o informaciones
Faltar al respeto y emitir críticas	Isinuar en lugar de ser directos	No ser claros con nuestros pensamientos

Obstáculos para una buena comunicación.

▶ **CASO PRÁCTICO RESUELTO:**
En un establecimiento de comida preparada a domicilio

Diálogo en el establecimiento

—**Cliente:** Disculpe, ¿podría decirme el precio del menú del día?

—**Dependiente:** *(Con tono cansado.)* Ya se lo mencioné hace un momento, señor/a. Son 12,99 euros.

—**Cliente:** Ah, perfecto. Y ¿cómo entregan los pedidos? ¿Tienen servicio a domicilio?

—**Dependiente:** Sí, claro que tenemos servicio a domicilio. ¿Qué más necesita saber?

—**Cliente:** ¿Qué tipo de productos tienen disponibles para pedir aparte del menú del día?

—**Dependiente:** *(Frunciendo el ceño.)* Mire, tenemos varios platos adicionales, pero no puedo enumerárselos todos ahora mismo. ¿No puede decidirse con lo que le ofrecí?

—**Cliente:** Lo siento, solo quería tener una idea de las opciones disponibles.

—**Dependiente:** *(Exhalando frustrado.)* Bueno, si necesita más información, puede ver nuestro menú en la web.

—**Cliente:** De acuerdo, gracias por su ayuda...

Preguntas y respuestas para el alumnado

¿Qué elementos de la interacción podrían haber contribuido a la ansiedad del dependiente?

Respuesta sugerida:

Las preguntas repetitivas y detalladas del cliente sobre precios, métodos de entrega y opciones de menú podrían haber abrumado al dependiente, especialmente si ya se habían proporcionado respuestas claras previamente.

¿Cómo podría el dependiente haber manejado mejor esta llamada para ofrecer un mejor servicio al cliente?

Respuesta sugerida:

El dependiente podría haber mostrado más paciencia y empatía hacia las preguntas del cliente, respondiendo de manera cortés y proporcionando información adicional de manera clara y concisa. Podría haber sugerido al cliente visitar el sitio web o proporcionar un folleto con más detalles sobre los productos adicionales disponibles.

¿Qué estrategias podrían implementarse en el establecimiento para ayudar a los dependientes a manejar mejor este tipo de situaciones en el futuro?

Respuesta sugerida:

Sería beneficioso realizar entrenamientos periódicos sobre servicio al cliente, enfocados en cómo manejar preguntas frecuentes de manera efectiva y cómo mantener la calma y la profesionalidad en situaciones desafiantes. Además, asegurarse de que los dependientes tengan acceso fácil a la información actualizada sobre menús, precios y políticas de entrega podría reducir la frustración tanto para el personal como para los clientes.

3.6. Técnicas de comunicación oral: habilidades sociales, empatía, asertividad, comunicación no verbal, el lenguaje positivo, la escucha activa, escucha efectiva, *feedback*

Las técnicas de comunicación oral se refieren a las **habilidades y estrategias utilizadas para expresar ideas**, información o mensajes de manera efectiva a través del lenguaje hablado. Incluyen aspectos como la claridad en la expresión, la empatía, la escucha activa, el uso de un lenguaje positivo y la capacidad de adaptarse al público.

En atención al cliente y ventas, las técnicas de comunicación oral son fundamentales para construir relaciones sólidas, comprender las necesidades de los clientes, resolver problemas de manera efectiva y persuadir de manera ética.

Contribuyen significativamente a la satisfacción del cliente y al logro de objetivos comerciales.

En la **atención al cliente**, la claridad en la comunicación permite comprender y abordar las consultas o problemas. La empatía juega un papel crucial al mostrar comprensión hacia las preocupaciones del cliente, construyendo así relaciones más sólidas.

Al escuchar activamente, los representantes de atención al cliente pueden comprender mejor las necesidades y expectativas del cliente, permitiéndoles ofrecer soluciones más efectivas. Proporcionar *feedback* claro y constructivo contribuye a mejorar la calidad del servicio al cliente y fortalece la relación cliente-empresa.

En el **ámbito de las ventas**, la asertividad facilita la transmisión de los beneficios de un producto o servicio de manera convincente. Las técnicas persuasivas ayudan a influir positivamente en la decisión de compra del cliente.

La comunicación no verbal, como el tono de voz y el lenguaje corporal, puede transmitir confianza y profesionalismo, aspectos cruciales para generar interés y credibilidad. El uso de un lenguaje positivo crea un ambiente favorable, fomenta la confianza del cliente y facilita la construcción de relaciones a largo plazo.

Entender las necesidades y deseos del cliente mediante la escucha efectiva permite adaptar la oferta de ventas de manera más precisa, aumentando las posibilidades de éxito.

Habilidades sociales:

Destrezas y dones personales que permiten interactuar de manera positiva y armoniosa con otras personas.

Ejemplo: Un repartidor con excelentes habilidades sociales saluda amigablemente a los clientes, mantiene una conversación agradable y muestra cortesía al despedirse tras entregar un paquete.

Empatía:

Capacidad de comprender y compartir los sentimientos de otra persona.

Ejemplo: Un servicio de entrega demuestra empatía al comprender las necesidades específicas del cliente, como la urgencia de la entrega, y toma medidas para garantizar la satisfacción del cliente.

Asertividad:

Expresar opiniones, deseos y necesidades de manera clara y directa, respetando a los demás, sin incurrir en ofensas o impertinencias.

Ejemplo: Un empleado de atención al cliente utiliza la asertividad al informar a un cliente sobre un retraso en la entrega, ofreciendo soluciones y disculpándose, manteniendo una comunicación honesta pero respetuosa.

Comunicación no verbal:

Transmisión de mensajes a través de gestos, expresiones faciales, posturas, etc., sin utilizar palabras.

Ejemplo: Un repartidor sonríe y hace contacto visual al entregar un paquete, transmitiendo confianza y profesionalidad sin necesidad de decir nada.

Lenguaje positivo:

Uso de palabras y expresiones que fomentan una actitud optimista y constructiva.

Ejemplo: Al comunicar una demora en la entrega, un representante del servicio de atención al cliente utiliza un lenguaje positivo al destacar los esfuerzos para resolver la situación y asegurar una entrega exitosa.

Escucha activa:

Proceso de prestar total atención, comprendiendo y procesando activamente la información recibida.

Ejemplo: Un repartidor practica la escucha activa al preguntar al cliente si tiene alguna preferencia especial al entregar el paquete, y ajusta su enfoque según la respuesta.

Escucha efectiva:

Capacidad de comprender completamente el mensaje del interlocutor, incluidas las emociones y el contexto.

Ejemplo: Un gerente de servicio de entrega practica la escucha efectiva al entender las preocupaciones de un cliente insatisfecho, abordando no solo el problema inmediato, sino también ofreciendo soluciones a largo plazo.

***Feedback*:**

Información o respuestas proporcionadas como respuesta a un mensaje o acción.

Ejemplo: Un cliente envía *feedback* positivo sobre la experiencia de entrega, elogiando la puntualidad y la cortesía del repartidor, lo que permite a la empresa reconocer y reforzar comportamientos positivos.

Existen NUEVE posibilidades de no entenderse
FALLOS EN LA COMUNICACIÓN
LO QUE PIENSO
LO QUE QUIERO DECIR
LO QUE CREO DECIR
LO QUE DIGO
LO QUE QUIERES OÍR
LO QUE OYES
LO QUE CREES ENTENDER
LO QUE QUIERES ENTENDER
LO QUE ENTIENDES

Las dos características más importantes del proceso de comunicación es que es **dinámico** y **continuo**.

Dinámico	Continuo
• Es vital	• Puede eludir las interrupciones
• Es activo	• Se puede repetir indefinidamente
• Tiene energía	• Permanece en la memoria
• Tiene fuerza	• Se puede inmortalizar
• Se puede adaptar	
• Es multiforme	

Estas características hacen en realidad bastante complejo y complicado determinar en muchos casos dónde o con quién ha comenzado un mensaje y cuál es el momento en el que la comunicación se encuentra con la producción de relaciones o interacciones.

IMPORTANTE

El **arco de distorsión** es la diferencia entre lo transmitido de forma consciente, o verbal, y lo expresado de forma no verbal. Al crear confusión en el receptor, el proceso de comunicación puede verse alterado. Suele corregirse con filtros de comunicación, es decir, técnicas para cambiar la dirección de la comunicación hacia los propósitos correctos.

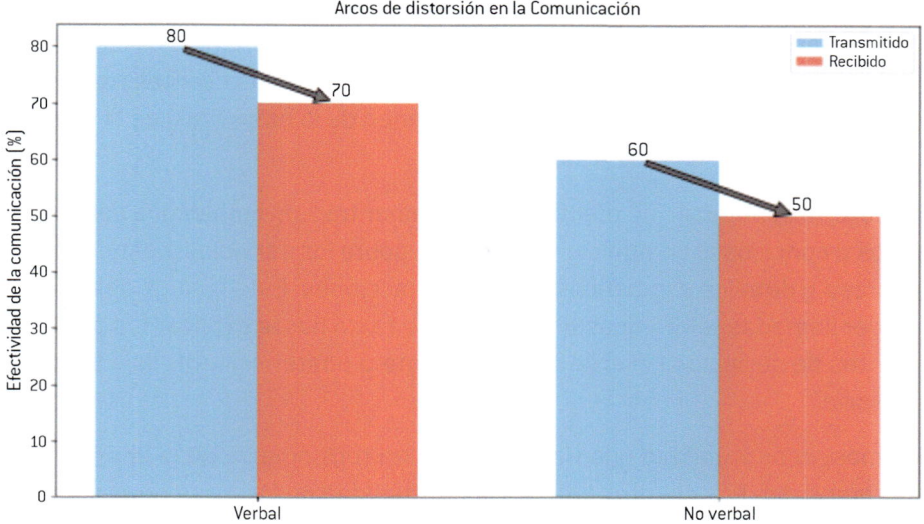

Generar confianza, fidelidad y una experiencia positiva
contribuye al éxito a largo plazo de la empresa.

3.7. La imagen personal

Es la percepción que proyecta el personal a través de su apariencia, vesti-
menta, comportamiento y cuidado personal. Es relevante para transmitir profesionalidad, confianza y alineación con la cultura corporativa.

En el contexto de trabajar para empresas que ofrecen servicios a domicilio, la imagen personal juega un papel crucial más allá de la apariencia física. La manera en que nos presentamos y nos relacionamos con los clientes finales influye directamente en la percepción que tienen de la empresa y en la opinión que se forman del servicio recibido.

Primero, la comunicación efectiva es fundamental. Los empleados deben ser claros y concisos al comunicar información sobre los servicios, políticas de la empresa y detalles específicos de las transacciones. Esto incluye desde responder llamadas telefónicas o mensajes de texto hasta explicar los procedimientos de servicio al cliente antes, durante y posteriormente a la visita al domicilio.

Además, la puntualidad y la fiabilidad son un termómetro de la imagen que queremos dar. Los clientes valoran la puntualidad en las citas programadas y esperan que las plantillas cumplan con los compromisos de tiempo acordados. Esto no solo demuestra profesionalidad, sino que también fortalece la confianza y la satisfacción del cliente.

La presentación personal también juega un papel importante. Mantener una apariencia limpia y ordenada, usar uniformes adecuados si es necesario y mostrar una actitud profesional y cortés son formas de transmitir una imagen positiva de la empresa.

Por último, pero no menos importante, la empatía y la capacidad de manejar situaciones delicadas son habilidades básicas. En el servicio a domicilio, pueden surgir problemas imprevistos o clientes insatisfechos. Saber cómo manejar estas situaciones con calma, ofreciendo soluciones efectivas y mostrando empatía hacia las preocupaciones del cliente, puede marcar una gran diferencia en la percepción final que el cliente tenga de la empresa.

Los uniformes de trabajo corporativo son prendas específicas diseñadas para representar la identidad visual de una empresa. Su propósito es crear una imagen coherente, promover la profesionalidad, fortalecer el sentido de pertenencia y facilitar la identificación del personal por parte de clientes y colegas.

La relación entre el uniforme corporativo y la imagen de marca de la empresa es una apuesta integral para la construcción de una identidad visual fuerte y coherente. Un uniforme bien diseñado contribuye a la percepción positiva de la empresa, refuerza los valores de la marca y crea una experiencia visualmente coherente para clientes y empleados.

Identidad visual unificada

El uniforme corporativo actúa como un elemento visual unificador que refleja la identidad de la marca. El diseño, colores y logotipos presentes en el uniforme son extensiones visuales de la marca, creando coherencia en la apariencia de los empleados.

Profesionalidad y confianza

Bien diseñado, transmite un sentido de profesionalidad y confianza tanto a clientes como a empleados. La consistencia en la presentación refuerza la imagen de una empresa seria y comprometida con sus estándares de calidad.

Diferenciación y reconocimiento

Distingue a los empleados de la empresa de otros individuos, facilitando la identificación tanto para clientes como para colegas. Refuerza la visibilidad de la marca y ayuda a construir una conexión visual entre la empresa y su personal.

Alineación con los valores de la marca
El diseño del uniforme puede incorporar elementos que reflejen los valores y la personalidad de la marca. Por ejemplo, una empresa con un enfoque ecológico puede elegir uniformes fabricados con materiales sostenibles para reforzar su compromiso con la responsabilidad ambiental.

Experiencia del cliente

Para sectores como el servicio al cliente o entrega, el uniforme contribuye a la experiencia del cliente. Genera una sensación de fiabilidad, influyendo positivamente en la percepción que los clientes tienen de la marca.

Publicidad silenciosa

Es considerado como una forma de publicidad silenciosa. Los logotipos y colores presentes en el uniforme actúan como recordatorios visuales constantes de la marca, incluso fuera de los entornos comerciales.

I. Indumentaria oportuna para personal de reparto:

- Parte superior:

  Polo o camiseta con el logotipo de la empresa para identificación clara.

  Parkas y chalecos de alta visibilidad, ligeras y diseñadas para contrarrestar los efectos negativos de las inclemencias meteorológicas.

- Parte inferior:

  Pantalones cómodos y resistentes, preferiblemente de material duradero.

- Calzado:

  Zapatos o botas cómodas y seguras para la movilidad.

- Accesorios:

  Gorra o sombrero con el logo de la empresa para protección solar.

  Casco de seguridad en el caso de utilización de vehículos como el patinete eléctrico, la bicicleta, el ciclomotor o la motocicleta.

II. Indumentaria oportuna para personal de operaciones en el centro de producción y distribución:

- Parte superior:

  Camisa o polo resistente con el logotipo de la empresa.

  Chaleco: permite la movilidad durante la manipulación de cargas y pedidos.

- Parte inferior:

  Pantalones de trabajo resistentes y cómodos.

- Calzado:

  Botas de seguridad para protección en entornos industriales.

- Accesorios:

  Guantes resistentes y, si es necesario, casco de seguridad.

Impermeabilidad	Resistencia	Repelencia al agua
Durabilidad	Adaptabilidad al clima	Facilidad de mantenimiento y lavado
	Seguridad y visibilidad	

Características de la ropa de trabajo en el servicio domiciliario.

▶ CASO PRÁCTICO RESUELTO:
Asador Don Quijote

El modelo de negocio de Asador Don Quijote se centra en la venta de comida para llevar y ha ampliado su alcance mediante la integración con plataformas de entrega de comida en línea, como Just Eat y Glovo. Esta estrategia tiene varias ventajas y desafíos en el contexto actual del comercio de alimentos y comidas.

Análisis del modelo de negocio

- Ventajas: la presencia en plataformas de entrega en línea permite llegar a un público más amplio, aprovechando la conveniencia de la compra en línea y la entrega a domicilio. Ofrecer comida para llevar también se alinea con la tendencia actual de estilos de vida ocupados y la demanda de opciones rápidas y sabrosas.

- Desafíos: la competencia en plataformas en línea puede ser intensa, destacar y mantener la calidad del servicio genera competencia. La gestión eficiente de pedidos y entregas se convierte en el mecanismo del éxito.

Importancia de la compra *online* y la entrega domiciliaria

- Conveniencia: la compra en línea y la entrega a domicilio aumentan la comodidad para los clientes, lo que puede traducirse en un mayor volumen de pedidos.

- Expansión de clientela: al estar presente en plataformas populares, el asador puede atraer a nuevos clientes que buscan opciones de comida para llevar y entrega a domicilio.

Tiempos de procesamiento y tasa de cumplimiento

- *Lead Time* (tiempo de proceso): en la venta de comida en línea, el *lead time* incluye el tiempo necesario para procesar el pedido, preparar la comida y coordinar la entrega. Minimizar estos tiempos influyen para mantener la satisfacción del cliente.

- *Fill Rates* (tasas de cumplimiento): representan la eficiencia en cumplir con los pedidos. Mantener tasas altas es un objetivo clave para que los clientes reciban sus pedidos de manera oportuna y completa.

La estrategia de Asador Don Quijote de combinar la venta de comida para llevar con la presencia en plataformas en línea es una respuesta efectiva para las tendencias del mercado actual.

La gestión eficiente de los *leads times* y *fill rates* será clave para su éxito continuo en el entorno competitivo de la entrega de alimentos.

Local comercial a pie de calle de Asador Don Quijote.

Test de autoevaluación

3.1. **¿Quién emite el mensaje en el proceso de comunicación?**

a) El receptor.

b) El canal.

c) El emisor.

3.2. **¿Qué elemento recibe e interpreta el mensaje transmitido?**

a) Código.

b) Emisor.

c) Receptor.

3.3. **¿Qué comprende el código en la comunicación?**

a) Signos paralingüísticos.

b) Iconos.

c) Conjunto de signos y señales.

3.4. **¿Qué es el mensaje en la comunicación?**

a) El medio de transmisión.

b) La información transmitida.

c) La retroalimentación del receptor.

3.5. **¿Cuál es el medio por el cual se transfiere el mensaje?**

a) Código.

b) Canal de comunicación.

c) Receptor.

3.6. ¿Qué comprende el contexto en la comunicación?

a) Extralingüístico y lingüístico.

b) Ruido y retroalimentación.

c) Emisor y receptor.

3.7. ¿Qué son las interferencias en el proceso de comunicación?

a) Iconos.

b) Código.

c) Ruido.

3.8. ¿Qué constituye la retroalimentación en la comunicación?

a) Respuestas del receptor.

b) El referente del mensaje.

c) El contenido del mensaje.

3.9. ¿A qué hace referencia el referente en la comunicación?

a) El contexto.

b) El emisor.

c) El concepto o idea del mensaje.

3.10. ¿Qué principios son esenciales para una comunicación oral efectiva?

a) Uso de jerga y ruido.

b) Claridad y concisión.

c) Iconos y símbolos.

3.11. ¿Qué dificultades pueden surgir en las comunicaciones orales?

a) Escucha activa y *feedback*.

b) Falta de atención y tecnología.

c) Contexto y código.

3.12. ¿Qué características definen el proceso de comunicación como dinámico y continuo?

a) Retroalimentación y referente.

b) Ruido y contexto.

c) Dinámico y continuo.

3.13. ¿Qué elemento es crucial para transmitir profesionalidad y confianza en la atención al cliente?

a) Ruido.

b) Imagen personal.

c) Retroalimentación.

3.14. ¿Qué función cumple el uniforme corporativo en una empresa de servicios a domicilio?

a) Publicidad externa.

b) Diferenciación entre empleados.

c) Refuerza la imagen de marca.

3.15. ¿Cuál de las siguientes prácticas ayuda a mejorar la experiencia del cliente durante el proceso de cobro?

a) Ofrecer información ambigua.

b) No proporcionar opciones de pago.

c) Utilizar canales de comunicación en tiempo real.

3.16. ¿Qué implica la norma de cortesía «saludar al cliente de forma amable» en la atención al cliente?

a) Ignorar al cliente.

b) Saludar al cliente de manera indiferente.

c) Saludar al cliente de manera amable y cordial.

3.17. ¿Cuál es uno de los beneficios de implementar un programa de puntos para clientes en un negocio de entrega domiciliaria?

a) Reducir la satisfacción del cliente.

b) Fomentar la fidelización de clientes.

c) Aumentar el precio de los productos.

3.18. ¿Qué aspecto es clave para fortalecer la relación con clientes leales?

a) Ignorar sus comentarios.

b) Ofrecer productos exclusivos y valor añadido.

c) No reconocer su lealtad.

3.19. **¿Qué tipo de relación se establece cuando un cliente recomienda activamente un servicio a otros?**

a) Relación personal.

b) Relación contractual.

c) Relación prescriptora.

3.20. **¿Cuál es uno de los principios básicos de la comunicación efectiva en la atención al cliente?**

a) Ser ambiguo en la información proporcionada.

b) Mantener una comunicación transparente y clara.

c) No escuchar activamente al cliente.

Glosario

Análisis contable: evaluación y estudio sistemático de los registros financieros de una entidad para informar sobre su situación económica.

Arco de distorsión: fenómeno que describe cómo las expectativas personales pueden influir en la percepción de la realidad.

Arqueo de caja: proceso de verificación física y contable del efectivo y otros valores líquidos en una caja registradora o fondo fijo.

Auditoría contable: revisión sistemática de los registros financieros de una organización para verificar su exactitud y conformidad con las normativas.

Bienes de consumo: productos destinados al consumo final por parte de los usuarios.

Bienes de consumo masivo: productos de alta rotación y demanda constante entre los consumidores.

Canal de comunicación: medio por el cual se transmite un mensaje entre emisor y receptor (por ejemplo, correo electrónico, teléfono).

Cheque endosado: cheque en el cual el beneficiario original lo transfiere a otra persona mediante su firma en el reverso.

Cliente: persona o entidad que adquiere bienes o servicios de otra entidad a cambio de un pago.

Cobro: acción de recibir el pago por bienes entregados o servicios prestados.

Comprador: persona que adquiere bienes o servicios.

Comunicación: proceso de transmisión de información y significados entre un emisor y un receptor.

Comunicación efectiva: transmisión exitosa de un mensaje de manera que el receptor comprenda completamente lo que el emisor pretendía comunicar.

Comunicación no verbal: comunicación que se realiza sin el uso de palabras, a través de gestos, expresiones faciales, etcétera.

Comunicación oral: comunicación que se realiza mediante el uso de palabras habladas.

Comunicación verbal: comunicación que utiliza palabras habladas o escritas para transmitir un mensaje.

Consejo de la UE: órgano legislativo de la Unión Europea que representa a los Estados miembros.

Consumidor: persona que adquiere bienes o servicios para su uso personal o familiar.

Contabilidad: proceso de registro, clasificación y resumen de las transacciones financieras de una entidad.

Contrato compraventa: acuerdo legal entre comprador y vendedor que establece las condiciones para la compra o venta de bienes o servicios.

Cortesía: actitud de respeto y consideración hacia los demás en las interacciones sociales.

Derechos del consumidor: conjunto de derechos que protegen a los consumidores en sus transacciones comerciales.

Derechos y obligaciones en un contrato: derechos y deberes específicos que tienen las partes involucradas en un acuerdo legal.

Efectivo: dinero en forma de monedas o billetes.

Establecimiento comercial: lugar físico donde se realizan transacciones comerciales.

Experiencia de cliente: percepción global de una cliente basada en todas las interacciones con una empresa.

Fidelización: estrategias para mantener a los clientes existentes y aumentar su lealtad hacia una marca o empresa.

***Fill Rates* (tasas de cumplimiento):** porcentaje de pedidos completados satisfactoriamente en relación con los pedidos totales.

Flujo de caja: entradas y salidas de efectivo en un periodo determinado.

Forma de pago: método utilizado para liquidar una transacción comercial, como efectivo, tarjeta de crédito, etcétera.

Imagen personal: percepción que tienen los demás de una persona basada en su apariencia y comportamiento.

Impuesto sobre el valor añadido (IVA): impuesto indirecto sobre el consumo que se aplica al valor añadido en cada etapa de la cadena de producción y distribución.

Justificante de cobro: documento que acredita el pago realizado a un proveedor o prestador de servicios.

***Lead Time* (tiempo de proceso):** tiempo total requerido para completar un proceso desde su inicio hasta su finalización.

Lealtad del cliente: preferencia continua de un cliente por una marca o empresa basada en experiencias y satisfacción previas.

Medio de pago: instrumento utilizado para realizar transacciones financieras, como tarjetas de crédito, efectivo, transferencias, etcétera.

Modales: normas de comportamiento social aceptadas en una cultura determinada.

Operación de compraventa: proceso de adquisición y transferencia de bienes o servicios a cambio de dinero u otros activos.

Operaciones de cobro: actividades relacionadas con la recepción de pagos de clientes.

Operaciones de pago: actividades relacionadas con la entrega de pagos a proveedores u otros destinatarios.

Pago: transferencia de dinero o valor en contrapartida por bienes o servicios recibidos.

Pendiente de cobro: monto pendiente de pago por parte de los clientes.

Protección de datos: medidas y normativas que aseguran la privacidad y seguridad de la información personal.

Protocolo de atención al cliente: normas y procedimientos para gestionar las interacciones con los clientes de manera efectiva y profesional.

Psicología de ventas: estudio del comportamiento humano y los factores psicológicos que influyen en las decisiones de compra.

Reportes contables: informes que detallan la situación financiera y el desempeño de una empresa en un periodo específico.

Servicio *food* delivery: servicio de entrega de alimentos a domicilio.

Take away: servicio de comida para llevar.

Tecnología de radiofrecuencia: tecnología que utiliza ondas de radio para la identificación y seguimiento de objetos.

Transacción comercial: intercambio de bienes o servicios entre comprador y vendedor.

Vendedor: persona o entidad que ofrece bienes o servicios para la venta.